Karin Beuting-Lampe

Auszubildende erobern die Hauswirtschaft

Arbeitsbuch mit Leittexten

3. Auflage

Persönliches Arbeitsbuch von

Name	

Ausbildungs-
betrieb

Schule

Ausbildung vom _____ bis _____

VERLAG EUROPA-LEHRMITTEL · Nourney, Vollmer GmbH & Co. KG
Düsselberger Straße 23 · 42781 Haan-Gruiten
Europa-Nr. 60174

Autor
Karin Beuting-Lampe, Wesel

Frau Karin Beuting-Lampe hat sich nach 20-jähriger Tätigkeit als hauswirtschaftliche Betriebsleiterin mit einem Beratungs- und Schulungsunternehmen selbstständig gemacht. In berufsbegleitenden Studiengängen hat sie sich zur Bildungsmanagerin und zur Betriebswirtin qualifiziert.

Verlagslektorat
Anke Vöpel

Das vorliegende Werk wurde auf der Grundlage
der aktuellen amtlichen Rechtsschreibregeln erstellt.

3. Auflage 2011

Druck 5 4 3 2 1

Alle Drucke derselben Auflage sind parallel einsetzbar, da sie bis auf die Behebung von Druckfehlern untereinander unverändert sind.

ISBN 978-3-8085-6026-6

© 2011 by Verlag Europa-Lehrmittel, Nourney, Vollmer GmbH & Co. KG, 42781 Haan-Gruiten
http://www.europa-lehrmittel.de
Satz, Grafik, Illustration und Layout: PER Medien+Marketing GmbH, Braunschweig
Umschlag: braunwerbeagentur, 42477 Radevormwald
Druck: Konrad Triltsch Print und digitale Medien GmbH, 97199 Ochsenfurt-Hohestadt

Der vorliegende Titel „**Auszubildende erobern die Hauswirtschaft – Arbeitsbuch mit Leittexten**" ist als praxisbezogenes Arbeitsbuch für Auszubildende, Lehrer und Ausbilder in der Hauswirtschaft konzipiert. Die Leittextsammlung soll die Auszubildenden während der gesamten Ausbildungszeit begleiten, da Leittexte für alle drei Ausbildungsjahre enthalten sind. Die Entscheidung, welcher Leittext im Ausbildungsalltag eingesetzt wird, richtet sich nach dem schulischen bzw. betrieblichen Ausbildungsplan.

Zu Beginn des Buches gibt es eine Einführung zur Arbeit mit den Leittexten sowie eine Übersicht zu handlungsorientierten Methoden.

Neu in der 3. Auflage

- Das Buch wurde stark überarbeitet. Das Format ist auf DIN A4 geändert worden, damit die Auszubildenden ausreichend Platz haben, die Aufgaben direkt im Buch schriftlich zu beantworten. Das moderne Layout motiviert die Leser mit dem Buch zu arbeiten und lässt Raum für eigene Eintragungen, eigene Fotos und eigene Skizzen.

- Jeder Leittext startet mit einer Einführungsseite, die die Lernziele vermittelt und eine Einführung ins Thema gibt. Auf den darauffolgenden Seiten ist die Bearbeitung aufbauend auf der vollständigen Handlung vorzunehmen:
  – Informieren und Planen
  – Entscheiden und Durchführen
  – Kontrollieren und Bewerten

- Die Leittexte sind in der Reihenfolge der drei Ausbildungsjahre sortiert. Innerhalb der Ausbildungsjahre erfolgt die Zuordnung nach Lernfeldern und parallel auch nach der Berufsbildposition. Auf diese Weise werden sowohl die schulische als auch die betriebliche Perspektive der Ausbildung berücksichtigt. Die Zuordnung ist im Inhaltsverzeichnis dargestellt, aber auch auf jeder Seite ist in der Fußzeile die Verknüpfung mit den Lernfeldern bzw. der Berufsbildposition angegeben.

- Manche Leittexte lassen sich über diese Zuordnung hinaus in andere Lernfelder und Berufsbildpositionen einordnen. So kann beispielsweise der Leittext 35 „Ermittlung der wöchentlichen Wäschemenge" neben der Berufsbildposition 6.3 „Kalkulation und Abrechnung von Leistungen" auch 4.4 „Reinigen und Pflegen von Textilien" oder 2.3 „Betriebliche, marktwirtschaftliche und soziale Zusammenhänge" zugeordnet werden.

- Das Buch ist durchgehend perforiert und gelocht, sodass die Seiten herausgetrennt und in einen separaten Hefter abgelegt werden können. Hier können auch zusätzliche Seiten dazugeheftet werden, beispielsweise am PC erstellte Checklisten.

Die Leittexte selbst orientieren sich größtenteils an den Arbeitsbedingungen eines hauswirtschaftlichen Dienstleistungsunternehmens. Sie lassen sich durch leichte Abwandlungen, die durch Lehrer bzw. Ausbilder vorgenommen werden können, auf alle hauswirtschaftlichen Ausbildungsmöglichkeiten übertragen. Die Leittexte dienen in erster Linie der handlungsorientierten Ausbildung. Sie können aber auch Prüfungsausschüssen Anregungen zum handlungsorientierten Prüfen geben.

Um das Buch lesefreundlich zu halten, ist es in weiblicher Form geschrieben. Alle männlichen Vertreter im Berufsfeld Hauswirtschaft mögen sich bitte ebenso herzlich angesprochen fühlen.

Wir wünschen allen Lesern viel Freude und Erfolg mit diesem Arbeitsbuch. Kritische Hinweise und Vorschläge, die der Weiterentwicklung des Buches dienen, nehmen wir dankbar entgegen.

Im Sommer 2011
Karin Beuting-Lampe und Verlag

Auszubildende erobern die Hauswirtschaft

In der Ausbildung liegt die Zukunft! Durch eine gute Ausbildung heute können Betriebe ihren Fachkräftebedarf von morgen decken. In einer Zeit, in der der demographische Wandel es immer schwieriger macht, geeignete Auszubildende zu finden, muss es der Hauswirtschaft gelingen, junge Menschen für den Einstieg in eine hauswirtschaftliche Ausbildung zu gewinnen. Im Verlauf der Ausbildung sind dann die Ausbilderinnen und Ausbilder gefordert, die Auszubildenden durch Art und Inhalte der Ausbildung zu begeistern und so „bei der Stange" zu halten.

Jungen Menschen lernen und arbeiten heute anders als die Generationen vor ihnen. Sie haben neue Formen der Informationsbeschaffung und müssen sich immer wieder aufs Neue an sich verändernde Anforderungen gewöhnen. Von jungen HauswirtschafterInnen wird heute weitaus mehr verlangt als theoretisches Fachwissen und praktische Kenntnisse in den klassischen Arbeitsgebieten. Das Prinzip „Vormachen – Nachmachen" ist schon lange out! Die jungen Leute müssen sich flexibel auf unterschiedliche Arbeitsgebiete einstellen können und sich durch eigene Überlegungen und den kreativen Umgang mit dem Erlernten selbstständig neue Arbeitsgebiete erschließen.

Diese Form des Lernens und Lehrens erfordert auch von den Ausbilderinnen und Ausbildern neue Methoden der Wissensvermittlung. Statt strikter Trennung der Themen ist eine Vernetzung in komplexen Aufgaben gefordert. Eine Art des Lernens, die den Erkenntnissen der Gehirnforschung nach den größten Erfolg für Lernzuwächse bietet – und in der Art der Aufgabenstellung auch realistisch Arbeitsinhalte im hauswirtschaftlichen Alltag widerspiegelt.

Dieses vernetzte Lernen bietet Karin Beuting-Lampe in ihrem Buch „Auszubildende erobern die Hauswirtschaft" an. Neben der Darstellung der Möglichkeiten handlungsorientierter Methoden, steht eine Vielzahl unterschiedlichster Leittexte zur Verfügung. Nach dem Modell der vollständigen Handlung führen die Texte durch die Lernfelder der Hauswirtschaft. Gegliedert nach Ausbildungsjahren können sich die Auszubildenden verschiedene Inhalte durch gezielte Fragestellungen selbst erschließen. Sie erarbeiten durch die Bearbeitung der Fragen ein komplexes Themengebiet und sind abschließend gefordert, ihre Ergebnisse zu kontrollieren und zu bewerten. Bei dieser Art der Bearbeitung wird nicht nur ein Wissenszuwachs erzielt, sondern die Auszubildenden können auch die Schlüsselqualifikationen trainieren, die im späteren Berufsleben besonders gefordert sind, wie Problembewusstsein, Planungsfähigkeit, Kommunikations- und Teamfähigkeit und viele mehr.

Das Buch bietet sich als Arbeitsbuch für die Auszubildenden an, daneben auch als Hilfe für die Ausbilderinnen und Ausbilder, um neue Aufgabenstellungen zu generieren und so den Auszubildenden weitere Themenfelder zu erschließen.

Wir wünschen den Auszubildenden viel Erfolg und Freude an der selbständigen Erarbeitung der Ausbildungsinhalte und den Ausbilderinnen und Ausbildern, dass sie sich die Begeisterung für die Förderung von jungen Talenten erhalten!

Christina Hohmann-Schaub
Vorstandsmitglied der Bundesarbeitsgemeinschaft
Hauswirtschaft (BAG-Hw)

Petra Stubakow
Vorsitzende
Bundesverband hauswirtschaftlicher Berufe MdH e.V.

Anne Göbbels-Wolters
1. Vorsitzende
Berufsverband Hauswirtschaft e.V.

Frankfurt, Weinstadt und Hambergen, im Sommer 2011

 **INHALTSVERZEICHNIS**

Erstes Ausbildungsjahr

Lfd. Nr.	Leittext	Berufs-bild-position	Lern-feld	Seite
1	Steckbrief des Ausbildungsbetriebes	1.1	1	15
2	Gesetzliche Sozialversicherungen	1.3	1	19
3	Umgang mit Gefahrstoffen	1.4	2, 7, 8	23
4	Lebensweise von Mikroorganismen	1.5	3–8	27
5	Händedesinfektion	1.5	3–8	32
6	Umgangsformen und persönliches Erscheinungsbild	2.4	1, 10, 11	36
7	Bedarf und Ansprüche von alten und pflegebedürftigen Menschen	2.4	10, 11	40
8	Bedarf und Ansprüche von Gästen eines Tagungs- oder Freizeithauses	2.4	10, 11	44
9	Warenannahme	2.6	2	48
10	Einkauf im Großverbrauchermarkt	2.6	2	52
11	Entkalken einer Kaffeemaschine	3.1	7	56
12	Bedienung einer Einscheibenmaschine	3.1	7	60
13	Gebäcke und Kuchen	4.1	4–6	64
14	Getränkeangebot	4.1	4–6	68
15	Zimmerreinigung (Unterhaltsreinigung)	4.2	7	71
16	Blumengestecke	4.3	9	75
17	Jahreszeitliche Dekoration	4.3	9	79
18	Sortieren von Wäsche	4.4	8	83
19	Telefongespräche	5.1	11	87
20	Begrüßung von Gästen	5.1	11	91

Zweites Ausbildungsjahr

Drittes Ausbildungsjahr

1 Arbeiten mit Leittexten

Während Ihrer Ausbildung zur Hauswirtschafterin oder zum Hauswirtschafter werden Sie:
- hauswirtschaftliches Wissen erwerben,
- Praxiserfahrung im hauswirtschaftlichen Handeln sammeln,
- selbstständig hauswirtschaftliche Aufgaben und Herausforderungen meistern.

Ihr betrieblicher Ausbildungsplan sieht vor, dass Sie sich die Inhalte aneignen, indem Sie Ihre Aufgaben selbstständig planen, durchführen und beurteilen.

Der beste Weg, Selbstständigkeit zu erreichen, führt über das handlungsorientierte Lernen. Was können Sie sich darunter vorstellen?

Zunächst einige Beispiele, was **kein** handlungsorientiertes Lernen in der Hauswirtschaft ist.
- Rezepte, Inhaltsstoffe von Reinigungsmitteln oder komplizierte lateinische Namen von pathogenen Keimen auswendig lernen,
- hauswirtschaftliche Tätigkeiten in kleinen Lernschritten einüben wie Handtücher legen, Besteck abtrocknen, Tische abwischen, oder

- über einen längeren Zeitraum immer wieder dieselben Reinigungsarbeiten ausführen.

Damit keine Missverständnisse aufkommen: Zur Ausbildung in der Hauswirtschaft gehört es natürlich,
- dass Sie Rezepte, Inhaltsstoffe von Reinigungsmitteln und Namen von pathogenen Keimen kennen lernen,
- dass Sie Handtücher legen, Geschirr abtrocknen, Tische abwischen und Reinigungsarbeiten ausführen werden.

Doch handlungsorientiert lernen bedeutet, dass Sie den komplexen Zusammenhang sehen, in dem hauswirtschaftliche Dienstleistungen erbracht werden und hauswirtschaftliche Produkte erstellt werden.

Um den Zusammenhang zu erkennen, stellen Sie sich Fragen, die in folgender Grafik beispielhaft zusammengefasst sind:

Bild 1: Komplexe Zusammenhänge erkennen

Beim handlungsorientierten Lernen erwerben Sie folgende Kompetenzen:

Fachkompetenz
Sie wissen, was zu tun ist.

Methodenkompetenz
Sie kennen den Weg, wie Sie die Aufgabe lösen.

Sozialkompetenz
Sie erleben dabei, dass Sie in einem sozialen Umfeld arbeiten, gemeinsam im Team für Ihre Gäste oder Kunden.

Personalkompetenz
Sie sind gefordert, Ihre persönlichen Eigenschaften einzubringen.

Veränderungskompetenz
Sie erfahren, dass sich einmal Erlerntes schnell ändern kann und dass Sie darauf reagieren müssen.

Am Beispiel einer Zimmerreinigung wird das Theoretische etwas klarer.

Fachkompetenz
– Welche Reinigungsarbeiten muss ich in einem Zimmer erledigen?
– Welche Reinigungsmittel werden für welche Böden, Oberflächen und Einrichtungsgegenstände verwendet?
– Welche weiteren Arbeitsmittel benötige ich?

Methodenkompetenz
– Wie plane ich die Reinigungsarbeit?
– In welcher Reihenfolge werden die Arbeitsschritte erledigt?
– Wie setze ich Arbeitsmittel und Maschinen ein?
– Wie sind die Bewegungsabläufe?

Sozialkompetenz
– Wie gehe ich mit meinen Kollegen um?
– Wie kann ich Konflikte meistern?
– Wie spreche ich mit dem Gast?
– Wie reagiere ich auf Beschwerden?

Personalkompetenz
– Wie kann ich mich selbst motivieren?
– Bin ich bereit, Verantwortung für die Sauberkeit des Zimmers zu übernehmen?
– Wie steigere ich mein Durchhaltevermögen?
– Wie ist meine Bereitschaft, aus Kritik zu lernen?

Veränderungskompetenz
– Wie reagiere ich auf Neuerungen bei Arbeitsabläufen in der Arbeitsorganisation oder bei Einführung neuer Reinigungsmethoden?
– Wie reagiere ich darauf, wenn ich bisher die Reinigungsarbeiten in einem Kinderheim durchgeführt habe und jetzt in einem Altenheim eingesetzt werden soll?

Wie können Sie diese Kompetenzen erwerben?

Die größten Chancen haben Sie, wenn Sie sich die Lerninhalte mithilfe der sechs Schritte erarbeiten, die im „Modell der vollständigen Handlung" beschrieben sind.

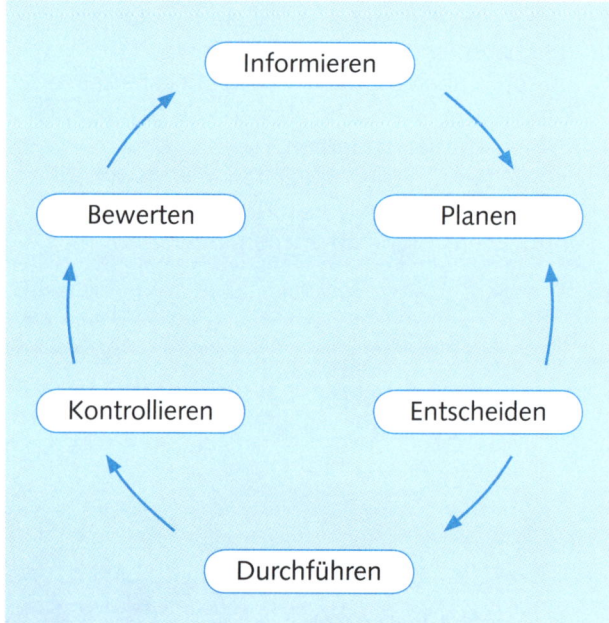

Bild 1: Modell der vollständigen Handlung

Leittexte unterstützen Sie dabei.

Die Leittexte führen Sie über
● Fragen,
● Anregungen und
● Handlungsaufforderungen
durch die sechs Phasen des Modells der vollständigen Handlung.

Wenn Sie selbstständig an eine Aufgabenstellung herangehen, trainieren Sie neben den oben beschriebenen Kompetenzen auch die Schlüsselqualifikationen, die Ihnen für Ihre Ausbildung und Ihr späteres Berufsleben die Tore öffnen.

Schlüsselqualifikationen sind zum Beispiel:
- Denken in Zusammenhängen
- Kreativität
- Problembewusstsein
- Entscheidungsfähigkeit
- Zuverlässigkeit
- Pünktlichkeit
- Sorgfalt
- Ausdauer
- Engagement
- Flexibilität
- Verantwortungsbewusstsein
- Zielgerichtetes Arbeiten
- Planungsfähigkeit
- Selbstkritisches Verhalten
- Begeisterungsfähigkeit
- Empathie (Einfühlungsvermögen)
- Kommunikationsfähigkeit
- Teamfähigkeit
- Toleranz

Bei der Arbeit mit Leittexten ist Ihre Ausbilderin nicht in erster Linie Ihre Anleiterin, sondern sie ist Ihre Beraterin. Eine Beraterin unterstützt Sie beim Lernen: Sie macht Ihnen nur wenige Vorgaben und fordert Sie auf, eigene Überlegungen zur Lösung einer Aufgabe anzustellen. Zu Beginn gibt sie Hinweise, während der Bearbeitung steht sie für Fragen zur Verfügung, beim Abschluss und der Bewertung bringt sie ihre Erfahrung mit ein und gibt Ihnen Anregungen.

Bild 2: Auszubildende auf der Erfolgsleiter

Bildlich gesprochen:
Die Ausbilderin hält die Leiter, auf der Sie als Auszubildende Schritt für Schritt nach oben steigen. Sie macht Sie auf Gefahren aufmerksam, sie stützt und ermutigt Sie, aber klettern müssen Sie allein.

Haben Sie erst einmal einen Leittext selbstständig bearbeitet, werden sie feststellen, dass diese Art zu lernen auch richtig Spaß machen kann. Jedes Stück Selbstständigkeit bringt sie auf der Erfolgsleiter ein Stück weiter nach oben.

Bild 1: Ausbilderin freut sich über Ihre Lernerfolge

2 Handlungsorientierte Methoden

Wer klettert, braucht eine gute Ausrüstung. Die folgende Methodenauswahl soll Ihnen als Handwerkszeug dienen, mit dem Sie sicher die Schritte der vollständigen Handlung durchlaufen können.

2.1 Brainstorming

Besonders geeignet für die Schritte
- Informieren
- Planen
- Entscheiden

Brainstorming heißt wörtlich übersetzt: Gedankensturm. Alles, was Ihnen zu dem Thema einfällt, für das Sie Ideen benötigen, wirbelt ungeordnet wie in einem Sturm herum.

Schreiben Sie jeden Gedanken auf, ohne ihn zu beurteilen.

Wenn Sie in einer Gruppe arbeiten, steht einer vorn und schreibt die Ideen an eine Tafel oder Flipchart. Solange die Ideen „herumwirbeln", gibt niemand eine Beurteilung ab. Erst wenn sich der Sturm gelegt hat, denken Sie darüber nach, welche der gesammelten Punkte sich für die Lösung Ihrer Aufgabe eignen.

Beispiel:
Ihre Aufgabe ist es, Gebäck mit Äpfeln herzustellen. Welche Möglichkeiten haben Sie? Im folgenden Bild sind die möglichen Ergebnisse des Brainstormings dargestellt.

BRAINSTORMING
Herstellung eines Gebäcks mit Äpfeln:
Welche Möglichkeiten gibt es?

- versunkener Apfelkuchen
- Apfel mit Rahmguss
- auf dem Blech
- in einer Springform
- es soll schnell gehen
- Preis und Qualität für Äpfel prüfen
- Apfelkuchen mit Streusel
- Apfelstrudel
- Hefeteig oder Quark-Öl-Teig
- Apfel-Möhren-Kuchen
- TK-Torte
- keine Zeit zum Äpfelschälen

Bild 1: Ergebnisse eines Brainstormings

Aufbauend auf dieser Ideensammlung können Sie nun planen und Entscheidungen treffen.

2.2 Karten clustern

Besonders geeignet für die Schritte
- Informieren
- Planen
- Entscheiden

Clustern bedeutet: Gruppen bilden.

Bevor Sie Karten clustern, sammeln Sie Ideen nach der Brainstorming-Methode. Die einzelnen Begriffe werden dabei aber nicht auf einem Flipchart festgehalten, sondern auf Moderationskarten. Auf jede Karte wird immer nur eine Idee geschrieben.

Die Karten werden nacheinander an eine Moderationswand geheftet, dann werden sie in Themengruppen geordnet. Dazu fragen Sie sich: Was gehört zusammen, welche der Ideen können wir unter einer Überschrift zusammenfassen?

Beispiel:
Beim Thema Arbeits- und Gesundheitsschutz stellen Sie sich die Frage:
Wo bestehen in der Hauswirtschaft Gesundheitsgefahren durch Heben und Tragen von schweren Lasten?

Zunächst das Brainstorming-Ergebnis:
- Anlieferung
- Kartons heben
- Wäschesäcke
- Säcke mit Waschpulver
- Essen schöpfen
- Brühe umfüllen
- schwere Gardinen abnehmen
- Umfüllen von Reinigungsmitteln
- Schränke abrücken
- Regale reinigen
- Blumenkästen tragen
- Stühle stapeln
- schwere Geräte transportieren
- Tische verstellen
- Adventskränze aufhängen
usw.

Das Bild auf der folgenden Seite zeigt, wie die Begriffe geclustert werden könnten:

Küche

– Anlieferung
– Kartons heben
– Essen schöpfen
– Brühe umfüllen
– Regale reinigen

Wäsche

– Anlieferung
– Wäschesäcke
– Wäsche mit Wasch-
pulver
– Schwere Gardinen
abnehmen
– Regale reinigen

Reinigung

– Umfüllen von Reini-
gungsmitteln
– Schränke abrücken
– Regale reinigen
– Schwere Geräte
transportieren

Wohnumfeld

– Blumenkästen tragen
– Adventskränze
aufhängen
– Stühle stapeln
– Tische verstellen

Bild 1: Cluster bilden mit Moderationskarten

2.3 W-Fragen-Methode

Besonders geeignet für die Schritte
● Informieren
● Planen
● Bewerten

Mit der W-Fragen-Methode lassen sich einfach und schnell Ideen und Gedanken entwickeln und gleichzeitig in ein System bringen.

Sie bearbeiten einen Schritt, indem Sie W-Fragen stellen:
● Was? ● Wer? ● Wen? ● Wo? ● Wann?
● Wie? ● Warum?

Beispiel:
Sie bewerten Ihren Apfelkuchen.

Diese Fragen könnten Sie sich stellen:
● Was haben Sie gebacken? Für wen?
● Wer hat Ihren Plan und die Durchführung eventuell beeinflusst?
● Wen hätten Sie vielleicht noch um ein paar Ratschläge bitten können?
● Wo haben Sie Ihre Arbeiten durchgeführt? Ging das reibungslos?
● Wann haben Sie zwischendurch geprüft, ob Ihr Plan gut war oder verändert werden musste?
● Wie ist Ihnen der Kuchen gelungen?
● Wie schmeckt er?
● Wie sieht er aus?
● Wie ist seine Schnittfestigkeit?
● Warum sind Sie möglicherweise in Zeitverzug geraten?

Bild 2: Zu bewertender Apfelkuchen

2.4 Mindmapping

Besonders geeignet für die Schritte
- Informieren
- Planen
- Kontrollieren
- Bewerten

Mindmaps sind „geistige Landkarten". Mit ihnen lassen sich Gedanken sammeln und grafisch anordnen. Das Arbeiten mit Mindmaps wird als Mindmapping bezeichnet. Die Methode kann gleichermaßen gewinnbringend zur Einzel- und zur Gruppenarbeit genutzt werden.

Benennen Sie Ihr Thema kurz und knapp.

Schreiben Sie es in Quadrat- oder Kreisform in die Mitte eines Blattes. Von diesem Mittelpunkt aus gehen Abzweigungen (Äste) in alle Richtungen ab. Auf die Abzweigungen notieren Sie Gedanken und Ideen zum Hauptthema. Von diesen Ästen gehen als Unterpunkte weitere Abzweigungen ab.

So können viele Gesichtspunkte gesammelt und gleichzeitig thematisch geordnet werden.

Damit die Mindmap nicht zu unübersichtlich wird, beachten Sie für die Gestaltung einige Regeln:
- Papier in Querformat,
- eindeutige, knappe Formulierung des Themas in der Mitte,
- deutlich schreiben, Druckbuchstaben mit Groß- und Kleinschreibung,
- Ideen in Stichworten formulieren, keine ganzen Sätze,
- die Mindmap so gestalten, dass man alles lesen kann, ohne den Kopf zu verdrehen.

Eine grafische Darstellung am PC mit einem einschlägigen Programm ist ebenso möglich.

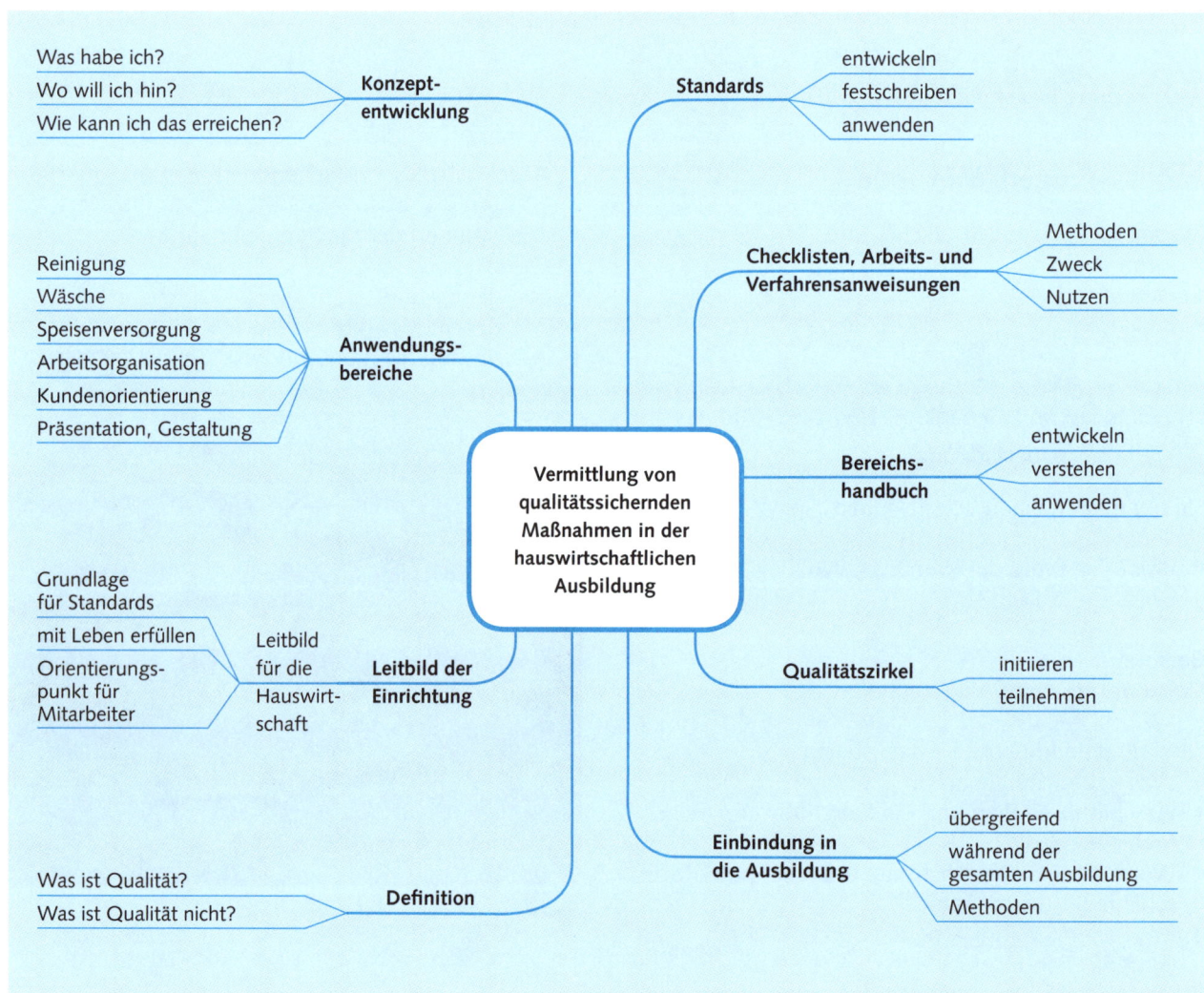

Bild 1: Mindmap

2.5 Fischgrätdiagramm (Ursache-Wirkung-Diagramm)

Besonders geeignet für die Schritte
- Entscheiden
- Kontrollieren
- Bewerten

Diese Methode stammt aus dem Qualitätsmanagement und wird bei der Entwicklung des kontinuierlichen Verbesserungsprozesses eingesetzt. Sie eignet sich in vielfältiger Weise zur Ermittlung von Ursachen eines Problems.

Um Anhaltspunkte dafür zu bekommen, wie Sie ein Problem lösen können, wird mit einer bestimmten Systematik nach den Ursachen des Problems gefragt. Die möglichen Ursachen werden unter folgenden Gesichtspunkten gesammelt:
- Mensch
- Maschine
- Milieu
- Management
- Methode
- Material

Die sechs Kriterien ordnen Sie in einer Grafik fischgrätartig an; die möglichen Ursachen zeichnen Sie von den Hauptgräten abgehend.

2.6 Pro- und Contra-Spiel

Besonders geeignet für die Schritte
- Entscheiden
- Bewerten

Das Pro- und Contra-Spiel ist eine Methode, mit der Sie gegensätzliche Positionen systematisch und vorurteilsfrei betrachten können.

Es werden zwei Gruppen gebildet. Jede Gruppe sammelt zunächst Pro-Argumente bzw. Contra-Argumente und visualisiert sie.

Nach fünfzehn bis zwanzig Minuten wechseln die Gruppen ihre Positionen und schlüpfen in die Rolle der jeweiligen Gegenpartei. Sie ergänzen deren Argumente.

Nach weiteren zehn Minuten kehrt jede Gruppe in ihre ursprüngliche Rolle zurück. Anschließend folgt eine gemeinsame Pro-und Contra-Diskussion.

Bild 1: Pro und Contra

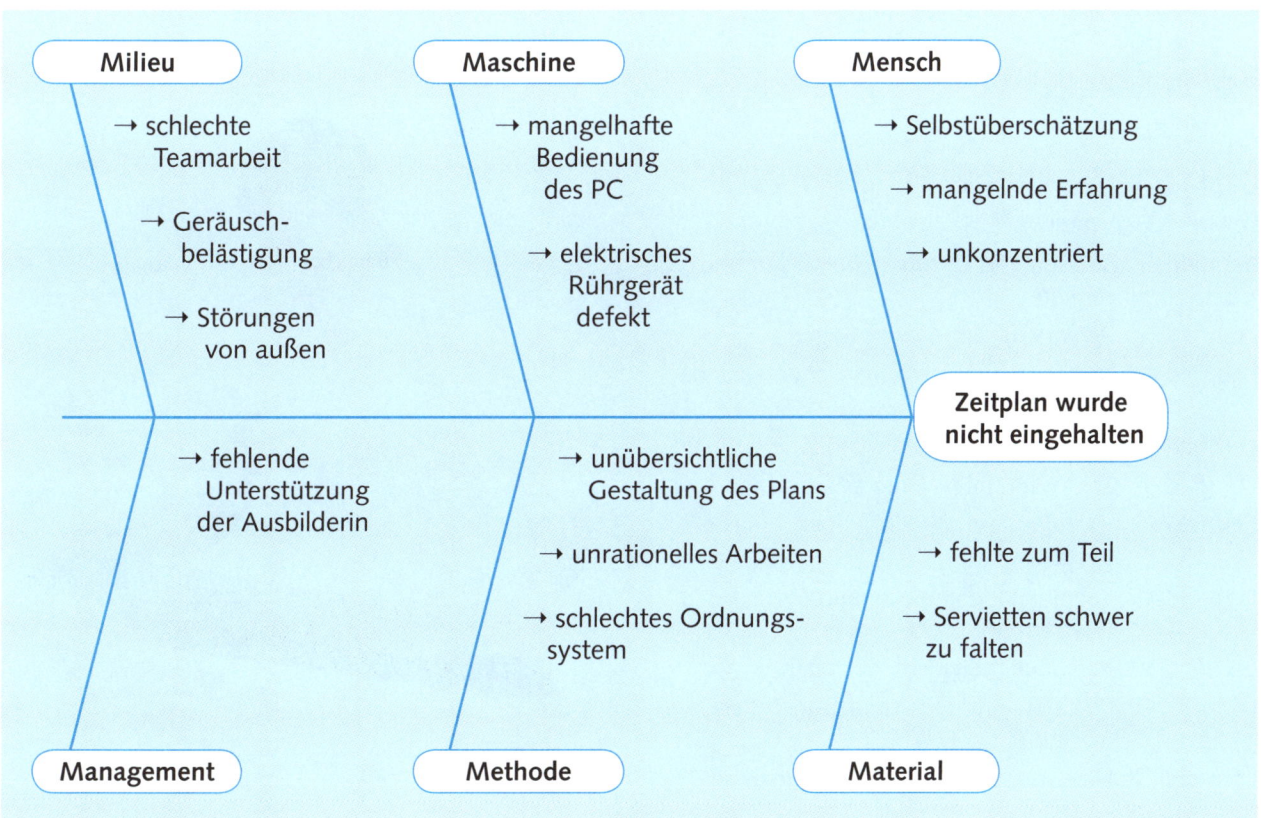

Bild 2: Fischgrätdiagramm

3 Übersicht über die Berufsbildpositionen des Ausbildungs-berufsbilds (Betrieb) und über die Lernfelder (Schule)

3.1 Berufsausbildungsbild nach § 4 Ausbildungsverordnung

1. Der Ausbildungsbetrieb, betriebliche Zusammenhänge und Beziehungen
1.1 Aufbau und Organisation des Ausbildungs-betriebs
1.2 Berufsbildung
1.3 Arbeits-, sozial- und tarifrechtliche Bestim-mungen
1.4 Sicherheit und Gesundheitsschutz bei der Arbeit
1.5 Hygiene
1.6 Umweltschutz

2. Arbeitsorganisation, betriebliche Abläufe, wirtschaftliche und soziale Zusammenhänge
2.1 Arbeitsorganisation
2.2 Qualitätssichernde Maßnahmen
2.3 Betriebliche, marktwirtschaftliche und soziale Zusammenhänge und Beziehungen
2.4 Bedarf und Ansprüche von zu versorgenden und zu betreuenden Personen
2.5 Beschaffen und Bewerten von Informationen
2.6 Betriebliche Geschäftsvorgänge

3. Betriebsräume und Betriebseinrichtungen
3.1 Einsetzen von Maschinen, Geräten und Gebrauchsgütern
3.2 Beurteilen und Planen von Betriebsein-richtungen

4. Hauswirtschaftliche Versorgungsleistungen
4.1 Speisenzubereitung und Service
4.2 Reinigen und Pflegen von Räumen
4.3 Gestalten von Räumen und des Wohnumfeldes
4.4 Reinigen und Pflegen von Textilien
4.5 Vorratshaltung und Warenwirtschaft

5. Hauswirtschaftliche Betreuungsleistungen
5.1 Personenorientierte Gesprächsführung
5.2 Motivation und Beschäftigung
5.3 Hilfe leisten bei Alltagsverrichtungen

6. Fachaufgabe im Einsatzgebiet
6.1 Betriebsspezifische Produkt- und Dienst-leistungsangebote
6.2 Kundenorientierung und Marketing
6.3 Kalkulation und Abrechnung von Leistungen

3.2 Lernfelder

Lernfeld 1: Berufsausbildung mitgestalten

Lernfeld 2: Güter und Dienstleistungen beschaffen

Lernfeld 3: Waren lagern

Lernfeld 4: Speisen und Getränke herstellen und servieren

Lernfeld 5: Personengruppen verpflegen

Lernfeld 6: Personen zu unterschiedlichen Anlässen verpflegen

Lernfeld 7: Wohn- und Funktionsbereiche reinigen

Lernfeld 8: Textilien reinigen und pflegen

Lernfeld 9: Wohnumfeld und Funktionsbereiche gestalten

Lernfeld 10: Personen individuell wahrnehmen und beobachten

Lernfeld 11: Personen individuell betreuen

Lernfeld 12: Produkte und Dienstleistungen ver-markten

Lernfeld 13: Hauswirtschaftliche Arbeitsprozesse koordinieren

Bild 1: Auszubildende bei der Arbeit

Leittext 1
Steckbrief des Ausbildungsbetriebes

Bild 1: Cafeteria in einem Ausbildungsbetrieb

Lernziele

- Die Auszubildende lernt den Ausbildungsbetrieb kennen.
- Sie kann den Kundenkreis, die angebotenen Produkte und Dienstleistungen beschreiben.
- Sie erfährt, dass im Ausbildungsbetrieb viele Berufsgruppen für den Kunden tätig sind.

Einführung ins Thema

Bis vor kurzem haben Sie die Schule besucht. Sie kannten dort Ihre Mitschüler, Ihre Lehrer, die Schulräume und die Umgebung. Sie sind jetzt im Ausbildungsbetrieb. Auch hier gibt es Menschen, Gebäude und Umgebung.

Zu Beginn der Ausbildung sollen Sie nun die Kunden, die Kollegen, die Aufgaben, Produkte und Dienstleistungen des Ausbildungsbetriebes kennenlernen.

Es gibt zahlreiche Betriebsformen, in denen hauswirtschaftliche Auszubildende lernen können:
- Soziale Einrichtungen (NPO = non profit organisation), z.B. Alten- und Pflegeheime, Behinderten-wohngruppen, Mutter-und-Kind-Heime
- Erwerbswirtschaftlich orientierte Unternehmen, z.B. hauswirtschaftliche Dienstleistungsagenturen, Pensionen, landwirtschaftliche Unternehmen
- Außerbetriebliche Ausbildungsstätten
- Privathaushalte

Steckbrief des Ausbildungsbetriebes

1

Informieren und Planen

Welche Aufgaben hat Ihr Ausbildungsbetrieb?

_____

_____

_____

_____

_____

Wer sind die Kunden des Ausbildungsbetriebes?

_____

_____

_____

Wie groß ist der Betrieb?

Anzahl der Zimmer	
Anzahl der Kunden/Gäste/Bewohner	
Anzahl der Mitarbeiter	

Welche Dienstleistungen und Produkte bietet der Ausbildungsbetrieb an? _Nennen Sie je drei Beispiele._

Dienst-leistungen	1. _____
	_____
	2. _____
	_____
	3. _____
	_____

EUROPA LEHRMITTEL

Produkte	1. _____
	_____
	2. _____
	_____
	3. _____
	_____

● *Nutzen Sie mehrere Informationsquellen, um einen Überblick über Ihren Ausbildungsbetrieb zu erhalten:*

Gibt es einen Flyer und was wird darin beschrieben?

_____

_____

_____

Hat der Betrieb eine Internetseite? Welche Informationen können Sie der Seite entnehmen?

_____

_____

● _____

Entscheiden und Durchführen

Entscheiden Sie, wie umfangreich der Steckbrief werden soll.

_____

_____

Entscheiden Sie, mit welchen Arbeitsmitteln Sie ihn gestalten möchten (mehrere Gestaltungsarten möglich):

☐ handschriftlich   ☐ mit Fotos

☐ am PC   ☐ mit Bildern

☐ weitere eigene Gestaltungsideen:

_____

_____

1

Steckbrief des Ausbildungsbetriebes

Erstellen Sie nun den Steckbrief.

Kontrollieren und Bewerten

Wie gefällt Ihnen der Steckbrief?

_____

_____

_____

_____

Können sich Außenstehende ein gutes Bild vom Betrieb machen? *Begründen Sie Ihre Antwort.*

_____

_____

_____

_____

Kontrollieren Sie die Rechtschreibung.

Besprechen Sie den Steckbrief mit Ihrer Ausbilderin.

Was hätten Sie bei der Planung und Durchführung anders machen können?

_____

_____

_____

_____

Welche Unterstützung hätten Sie eventuell noch gebraucht?

_____

_____

_____

_____

Leittext 2
Gesetzliche Sozialversicherungen

Bild 1: Beispiele für gesetzliche Sozialversicherungen

Lernziele

- Die Auszubildende kennt das soziale Sicherungssystem mit seinen verschiedenen Sozialversicherungen.
- Sie weiß, dass sie selbst mit ihren Abgaben einen Beitrag zum sozialen Sicherungssystem leistet.
- Sie kennt Beispiele, unter welchen Bedingungen der Staat Leistungen aus diesen Versicherungen an seine Bürger zahlt.

Einführung ins Thema

Durch gesetzliche Sozialversicherungen sichert der Sozialstaat seine Bürger ab. Dies sind:
- Gesetzliche Krankenversicherung
- Gesetzliche Pflegeversicherung
- Gesetzliche Rentenversicherung
- Gesetzliche Arbeitslosenversicherung
- Gesetzliche Unfallversicherung

Arbeitgeber und Arbeitnehmer zahlen mit unterschiedlich hohen Beträgen in die Versicherungen ein.

Die Beiträge der Arbeitnehmer werden vom Arbeitgeber direkt einbehalten und an die Sozialversicherungen weitergeleitet.

Informieren und Planen

Wie hoch sind die Beiträge der Arbeitgeber und Arbeitnehmer bei den verschiedenen gesetzlichen Versicherungen?

Gesetzliche Versicherung	Arbeitgeber-Anteil in %	Arbeitnehmer-Anteil in %
Krankenversicherung		
Pflegeversicherung		
Rentenversicherung		
Arbeitslosenversicherung		
Unfallversicherung		

Welche Leistungen erbringen die gesetzlichen Sozialversicherungen?

Gesetzliche Versicherung	Leistungen
Krankenversicherung	
Pflegeversicherung	
Rentenversicherung	
Arbeitslosenversicherung	
Unfallversicherung	

Sie erhalten monatlich eine Abrechnung über Ihre Ausbildungsvergütung. Lassen Sie sich in der Personalabteilung erläutern, was die verschiedenen Positionen/Abkürzungen auf Ihrer Abrechnung bedeuten. *Erstellen Sie darüber eine Liste.*

Position/ Abkürzung	Bedeutung

Entscheiden und Durchführen

Beschreiben Sie, wann Sie oder Mitglieder in Ihrer Familie oder Ihrem Freundeskreis Leistungen der gesetzlichen Sozialversicherungen in Anspruch genommen haben.

Gesetzliche Versicherung	Leistungen, die ich (oder Familienmitglieder/Freunde) in Anspruch genommen haben
Krankenversicherung	
Pflegeversicherung	
Rentenversicherung	
Arbeitslosenversicherung	
Unfallversicherung	

Ordnen Sie die folgenden Fälle den jeweiligen Versicherungsarten zu:

1. Sie brechen sich beim Skilaufen im Urlaub ein Bein.

2. Sie erkranken an einer Bronchitis.

3. Sie stürzen bei der Arbeit von der Leiter und verletzen sich.

4. Auf der Fahrt zu einer ehrenamtlichen Tätigkeit erleiden Sie einen Unfall.

5. Ihre Großmutter scheidet wegen lang anhaltender Krankheit vorzeitig aus dem Berufsleben aus.

2 Gesetzliche Sozialversicherungen

6. Eine Freundin von Ihnen macht wegen ihres hohen Alkoholkonsums eine Entwöhnungsbehandlung.

_____

7. Ihr Großvater benötigt ambulante Pflege.

_____

Berechnen Sie die Höhe der Sozialabgaben für eine Ausbildungsvergütung von 540,00 €.

Krankenversicherung: _____ €

Pflegeversicherung: _____ €

Rentenversicherung: _____ €

Arbeitslosenversicherung: _____ €

Kontrollieren und Bewerten

Beiträge und Leistungen der gesetzlichen Sozialversicherungen ändern sich häufig. Bearbeiten Sie diesen Leittext im kommenden Jahr noch einmal und vergleichen Sie, was sich geändert hat. Beschreiben Sie **eine** Veränderung.

_____

_____

_____

_____

_____

_____

_____

_____

_____

_____

EUROPA LEHRMITTEL

Leittext 3
Umgang mit Gefahrstoffen

Bild 1: Gefahrstoffsymbole

Lernziele

- Die Auszubildende kennt Aufgaben und Sinn von Schutzvorschriften im Umgang mit Gefahrstoffen und wendet sie an.
- Sie kennt die gesetzlichen Regelungen für Gefahrstoffe.

Einführung ins Thema

Einige Chemikalien, die in der Wäscherei, bei der Reinigung und in der Küche eingesetzt werden, sind so genannte „Gefahrstoffe". Sie heißen so, weil sie die Gesundheit des Menschen gefährden können. Damit dies nicht geschieht, müssen bestimmte Vorschriften eingehalten werden.

In der Gefahrstoff-Verordnung ist der Umgang mit den Gefahrstoffen gesetzlich geregelt. Jeder Betrieb muss
- die Gefahrstoffe, die bei ihm eingesetzt werden, ermitteln,
- ein Gefahrstoffverzeichnis erstellen,
- Betriebsanweisungen für den Umgang mit Gefahrstoffen erstellen,
- seine Mitarbeiter im Umgang mit den Gefahrstoffen unterweisen,
- sicherstellen, dass die Gefahrstoffe gefahrlos gelagert werden.

Sicherheitsvorschriften sind keine Gängeleien, sondern sie schützen
- den Mitarbeiter,
- die Kunden und
- unsere Umwelt.

Informieren und Planen

Welche Gefahrstoffe werden in Ihrem Ausbildungsbetrieb eingesetzt? Für welche Arbeitsbereiche werden sie eingesetzt? Wo werden sie gelagert?

Gefahrstoff	Einsatzbereich	Lagerort

Bevor Sie mit Gefahrstoffen bei der Reinigung, beim Spülen oder bei der Wäschebehandlung arbeiten, müssen Sie in den Umgang mit den Gefahrstoffen eingewiesen werden. Für jeden Gefahrstoff gibt der Hersteller Betriebsanweisungen heraus, mit denen Sie sich vertraut machen müssen. Welche sechs Kriterien werden auf den Betriebsanweisungen beschrieben?

Sechs Kriterien, die auf Betriebsanweisungen zu finden sind:

1. _____

_____

2. _____

_____

3. _____

_____

4. _____

5. _____

_____

6. _____

Umgang mit Gefahrstoffen

3

Vergleichen Sie drei Gefahrstoffe aus dem Bereich Reinigung, Spülen und Wäschebehandlung. Tragen Sie dazu die sechs Kriterien einer Betriebsanweisung in die linke Spalte ein.

	Gefahrstoff Reinigung	Gefahrstoff Spülen	Gefahrstoff Wäsche

Umgang mit Gefahrstoffen

3

3

Umgang mit Gefahrstoffen

Entscheiden und Durchführen

Wählen Sie einen Gefahrstoff aus und führen Sie Arbeiten mit diesem Gefahrstoff durch.
Beschreiben Sie, wie Sie vorgehen.

Vorbereitung

_____

_____

_____

_____

Durchführung

_____

_____

_____

_____

Nachbereitung

_____

_____

_____

_____

Kontrollieren und Bewerten

Haben Sie alle Schutzmaßnahmen eingehalten?

☐ Handschutz   ☐ Atemschutz   ☐ Augenschutz   ☐ Hautschutz

Besprechen Sie Ihre Arbeit mit Ihrer Ausbilderin. Falls Sie nicht alle Schutzmaßnahmen korrekt durchgeführt
haben: Welche Gründe könnte es dafür geben? Was können Sie beim nächsten Mal besser machen?

_____

_____

_____

_____

Leittext 4
Lebensweise von Mikroorganismen

Bild 1: Mikroorganismen

Lernziele

- Die Auszubildende kennt Aufgaben und Lebensbedingungen von Mikroorganismen.
- Sie kann Gefahren erkennen und Maßnahmen zur Vorbeugung ableiten.

Einführung ins Thema

Die für das menschliche Auge unsichtbaren Mikroorganismen (1/100 bis 1/1000 mm) sind notwendig, damit Leben überhaupt existieren kann. Ohne Mikroorganismen gäbe es kein Wachstum von Pflanzen, keine Verdauung bei Mensch und Tier, keine Lebensmittelverarbeitung usw.

Die krankmachenden (= pathogenen) Mikroorganismen machen nur einen ganz geringen Teil aller existierenden Mikroorganismen aus. Sie können aber die Ursache für schwere Erkrankungen bis hin zum Tod sein.

Für die Hauswirtschaft sind insbesondere Bakterien, Pilze und Viren wichtig.

Bakterien benötigen für ihre Ernährung organische Substanzen.
Aerobe Bakterien brauchen zum Leben Sauerstoff,
anaerobe Bakterien leben unter Sauerstoffausschluss.

Pilze nutzen für ihre Ernährung organische und anorganische Produkte. Sie leben z. B. auf Papier, Lebensmittel, Stoff, Textilien, Leder und Holz, im menschlichen Körper oder auf menschlicher Haut (candida).

Ein Virus ist kein selbstständig lebender Organismus, er hat also keinen eigenen Stoffwechsel. Viren leben immer auf einer Wirtszelle bei Pflanzen, Tieren und Menschen. Sie verursachen bei den Wirtszellen starke Stoffwechselstörungen, die zum Absterben der Zellen führen.

Informieren und Planen

Mikroorganismen benötigen für ihr Wachstum u. a.

- Wasser
- Nahrung, vor allem Eiweiß
- ph-Wert > 7
- Zeit (Mikroorganismen teilen sich alle 20 Minuten)
- Wärme (optimal etwa 33 °C)

Welche Lebensmittel enthalten besonders viel Wasser? (Schnelles Wachstum von Mikroorganismen, also schneller Verderb)

_____

_____

_____

Welche Lebensmittel enthalten besonders viel Eiweiß? (Schnelles Wachstum von Mikroorganismen, also schneller Verderb)

_____

_____

_____

Welche Lebensmittel sind eher sauer, d. h. welche Lebensmittel haben einen ph-Wert < 7? (Langsames Wachstum von Mikroorganismen, also langsamerer Verderb)

_____

_____

_____

Welche verschiedenen Lagerräume mit welchen Temperaturen gibt es in Ihrem Ausbildungsbetrieb?

Lagerraum	Temperatur

Entscheiden und Durchführen

Führen Sie ein Experiment durch, um Mikroorganismen sichtbar zu machen.

Wählen Sie aus verschiedenen Lebensmittellagern vier Lebensmittel aus und lassen Sie sie abgedeckt sechs Tage bei Zimmertemperatur stehen. (Nicht in der Küche!) Fotografieren Sie jedes Lebensmittel unmittelbar nachdem Sie es aus dem Lager entnommen haben, und kleben Sie die Fotos in die Tabelle ein.

Lebensmittel	übliche Lagertemperatur	Foto zu Beginn des Experiments

Lebensweise von Mikroorganismen

4

4

Lebensweise von Mikroorganismen

Was vermuten Sie, wie sich die Lebensmittel innerhalb der sechs Tage verändern werden?
Notieren Sie hier Ihre Vermutung zu Beginn des Experiments.

Lebensmittel	Ich vermute folgende Veränderungen:

Beobachten Sie jeden Tag die Lebensmittel und beschreiben Sie hier die Veränderungen am 3. Tag.

Lebensmittel	Veränderungen am 3. Tag

Kontrollieren und Bewerten

Nach sechs Tagen ist Ihr Experiment beendet. Wie haben sich die Lebensmittel verändert?

Lebensmittel	Veränderungen	Foto nach dem Experiment
	Wie riecht es? _____ Wie fühlt es sich an? _____	
	Wie riecht es? _____ Wie fühlt es sich an? _____	
	Wie riecht es? _____ Wie fühlt es sich an? _____	
	Wie riecht es? _____ Wie fühlt es sich an? _____	

Welche Hygienemaßnahmen können Sie aus dem Experiment ableiten?

_____

_____

_____

_____

_____

_____

Lebensweise von Mikroorganismen

4

Leittext 5
Händedesinfektion

Bild 1: Hände – Überträger Nummer 1

Lernziele

- Die Auszubildende weiß, welche wichtige Rolle die Händedesinfektion bei der Vermeidung von Infektionen spielt. (Infektionsprophylaxe).
- Sie weiß, wann sie Hände desinfizieren muss.
- Sie kann die Händedesinfektion korrekt durchführen.

Einführung ins Thema

Der Mensch ist der wichtigste Überträger von pathogenen Keimen. Deshalb sind seine Gesundheit, seine Körper- und Händehygiene und seine hygienische Arbeitsweise entscheidend für den Hygienestatus einer Einrichtung.

Die meisten Keime überträgt der Mensch mit den Händen. Deswegen sind Maßnahmen der Händehygiene die wichtigsten Vorbeugemaßnahmen gegen die Verbreitung von Infektionen.

- Gründliches Händewaschen entfernt Keime zu etwa neunzig Prozent und entzieht den restlich verbleibenden Keimen den Nährboden.
- Sachgerechte Händedesinfektion tötet Keime ab oder inaktiviert die Keime, d. h. sie können keine Infektionen mehr auslösen.
- Sachgerechte Händpflege mit einer Pflegecreme verhindert Hautrisse, in denen sich pathogene Keime gern aufhalten.
- Weitere Hinweise für hygienische Hände bei der Arbeit:
  – Nägel kurz halten und nicht lackieren,
  – Schmuck, auch Eheringe, vor der Arbeit ablegen.

Händedesinfektion

5

Informieren und Planen

Beobachten Sie an einem ausgewählten Arbeitstag:

Wie oft geben Sie jemandem die Hand? _____ mal

Wie oft berühren Sie offene Lebensmittel? _____ mal

Wie oft berühren Sie schmutzige Wäsche? _____ mal

Wie oft berühren Sie Reinigungstücher? _____ mal

Wie oft berühren Sie Armaturen am Waschbecken? _____ mal

Wie häufig gehen Sie zur Toilette? _____ mal

Benennen und begründen Sie:

Vor oder nach welchen Tätigkeiten müssen Sie Ihre Hände waschen?

_____

_____

_____

_____

_____

Vor oder nach welchen Tätigkeiten müssen Sie Ihre Hände desinfizieren?

_____

_____

_____

Vor oder nach welchen Tätigkeiten cremen Sie Ihre Hände?

_____

_____

_____

5

Händedesinfektion

5 Händedesinfektion

Entscheiden und Durchführen

Beschreiben Sie nun, wie sie Hände sachgerecht desinfizieren.

Wie viel Desinfektionsmittel benötigen Sie, um Ihre Hände zu desinfizieren?	_____ ml
Wie müssen Ihre Hände sein, bevor Sie das Desinfektionsmittel aus dem Spender auf Ihre Hand nehmen?	☐ trocken ☐ feucht
Wie bedienen Sie den Desinfektionsspender?	☐ mit der Hand ☐ mit dem Ellenbogen
Wie setzen Sie das Desinfektionsmittel ein?	☐ pur ☐ mit Wasser verdünnt
In welchen 6 Schritten erfolgt die Händedesinfektion?	1. _____ _____ 2. _____ _____ _____ 3. _____ _____ _____ 4. _____ _____ _____ 5. _____ _____ _____ 6. _____ _____ _____
Wie lange dauert dieser Vorgang?	_____ Sekunden

Kontrollieren und Bewerten

Desinfizieren Sie nun Ihre Hände und kontrollieren Sie, ob Sie alle Vorgaben beachten.

Zeigen Sie Ihrer Ausbilderin, wie Sie die Hände desinfizieren.

Wie beurteilen Sie die Vorgehensweise?

Entnahme aus dem Spender:

_____

Menge:

_____

Vorgehensweise:

_____

_____

_____

_____

_____

Dauer

_____

Vorschlag zur Vertiefung des Themas

Da die Händedesinfektion ein so wichtiges Thema ist, hier ein Vorschlag, mit dem Sie sich die richtige Durchführung immer wieder vor Augen führen können:

Legen Sie einen Tag im Monat fest (z. B. jeden 1. Dienstag im Monat), den Sie zum Händedesinfektionstag erklären.

- Sprechen Sie an diesem Tag mit Ihren Kolleginnen und Ihrer Ausbilderin über die Bedeutung der Händehygiene.
- Führen Sie an diesem Tag alle Maßnahmen zur Händehygiene besonders bewusst durch.
- Beobachten Sie über einen Zeitraum von etwa einem halben Jahr, ob sich das Bewusstsein für eine gründliche Händehygiene verändert.

Nehmen Sie diesen Leittext im Laufe Ihrer Ausbildung regelmäßig immer wieder zur Hand und beurteilen Sie die Durchführung Ihrer Händedesinfektion.

Leittext 6
Umgangsformen und persönliches Erscheinungsbild

Bild 1: Persönliches Erscheinungsbild

Lernziele

- Die Auszubildende kennt die angemessenen Umgangsformen für ihren Berufsalltag.
- Sie weiß, welche Bedeutung ihr persönliches Erscheinungsbild im Umgang mit Kollegen, Vorgesetzten und Kunden hat.

Einführung ins Thema

Im Berufsalltag sind gute Umgangsformen und ganz bestimmte Anforderungen an das persönliche Erscheinungsbild gefordert.

Umgangsformen und persönliches Erscheinungsbild haben etwas mit Respekt zu tun. Jeder Kunde – ob Kinder, Jugendliche, Kranke, Behinderte, Senioren, Ferien- oder Tagungsgäste – wünscht, dass man ihm mit Respekt begegnet.

Respekt wird vermittelt über
- Sprache
- Mimik
- Gestik
- Zuhören
- Kleidung
- Aussehen
- Benehmen
- Aufmerksamkeit

Informieren und Planen

Schildern Sie je ein positives und ein negatives Beispiel im Umgang mit Kunden, Vorgesetzten oder Kollegen.

	Positives Beispiel	Negatives Beispiel
Grüßen		
Kunden empfangen		
Körpersprache (Mimik und Gestik)		
Duzen/Siezen		
Kritik äußern		
Achtung der Intimsphäre		

6

Umgangsformen und persönliches Erscheinungsbild

Wie sieht eine ansprechende Arbeitskleidung aus?

_____

_____

_____

Was gehört zu einer regelmäßigen Körperpflege?

_____

_____

_____

Welche Frisur und Kosmetik sind im Arbeitsalltag angemessen?

_____

_____

_____

_____

Nennen Sie fünf wichtige Tischmanieren.

_____

_____

_____

_____

Welchen Eindruck macht es, wenn Sie während eines Gespräches Kaugummi kauen?

_____

_____

_____

Entscheiden und Durchführen

Wählen Sie drei von Ihren positiven Beispielen aus. Versetzen Sie sich in die Situation von Ihren Kunden und beschreiben, wie sich die Kunden fühlen, wenn Sie von Ihnen in dieser Art behandelt werden.

1. Positives Beispiel (Stichwort): _____

So könnte sich der Kunde fühlen:

_____

_____

2. Positives Beispiel (Stichwort): _____

So könnte sich der Kunde fühlen:

_____

_____

3. Positives Beispiel (Stichwort): _____

So könnte sich der Kunde fühlen:

_____

_____

Kontrollieren und Bewerten

Besprechen Sie alle positiven und negativen Beispiele mit Ihrer Ausbilderin.

Erinnern Sie sich an eine beliebige Situation im Arbeitsalltag, in der Sie ein Gespräch mit Kunden, Kollegen oder Vorgesetzten geführt haben. Haben Sie sich eher an die positiven Beispiele gehalten? Wenn nicht: welche Erklärung könnte es dafür geben?

_____

_____

_____

_____

Was könnten Sie tun, um das zu ändern?

_____

_____

_____

EUROPA LEHRMITTEL

Leittext 7
Bedarf und Ansprüche von alten und pflegebedürftigen Menschen

Bild 1: Hauswirtschafterin betreut Seniorin beim Essen

Lernziele

- Die Auszubildende kennt die zwölf Aktivitäten des täglichen Lebens.
- Sie weiß, wie hauswirtschaftliche Mitarbeiter die Pflegemitarbeiter unterstützen können, dem Bedarf und Anspruch von alten und pflegebedürftigen Menschen gerecht zu werden.

Einführung ins Thema

In der 5-stufigen Maslow'schen Bedürfnispyramide werden die Bedürfnisse des Menschen abgebildet:
- 1. Stufe: Grundbedürfnisse wie Essen, Trinken, Schlafen, Wohnen
- 2. Stufe: Sicherheitsbedürfnisse wie Schutz, Ordnung und Recht
- 3. Stufe: Soziale Bedürfnisse wie Freundschaft, Liebe, Zugehörigkeit zu einer Gruppe
- 4. Stufe: Anerkennungsbedürfnisse wie Anerkennung, Aufmerksamkeit, Ruhm
- 5. Stufe: Selbstverwirklichungsbedürfnisse wie Entwicklung, selbst bestimmtes Leben

Die Pflegetheoretikerin Nancy Roper hat 1976 das Modell der 12 ADL entwickelt: „Activities of Daily Living" zu Deutsch: Aktivitäten des täglichen Lebens.
- Kommunizieren
- Atmen
- Essen und Trinken
- Ausscheiden
- Für eine sichere Umgebung sorgen
- Sauberhalten und Kleiden
- Körpertemperatur regulieren
- Sich bewegen
- Arbeiten und Spielen
- Sich als Mann und Frau fühlen
- Schlafen
- Sterben

Informieren und Planen

Wie viele Bewohner leben in Ihrem Alten- und Pflegeheim?

☐ bis 20 Bewohner

☐ 21–50 Bewohner

☐ 51–80 Bewohner

☐ über 80 Bewohner

Wie viele leben in Einzel- bzw. in Doppelzimmern?

_____ Bewohner in Einzelzimmern   _____ Bewohner in Doppelzimmern

Wie viele Bewohner sind zzt. mobil, bzw. immobil?

_____ Bewohner, die mobil sind   _____ Bewohner, die immobil sind

Nennen Sie Beispiele von regelmäßigen Veranstaltungen, an denen die Bewohner teilnehmen können.

Wochentag	Veranstaltungen
montags	
dienstags	
mittwochs	
donnerstags	
freitags	
samstags	
sonntags	

7

Bedarf und Ansprüche von alten und pflegebedürftigen Menschen

Entscheiden und Durchführen

Mitarbeiter aller Abteilungen in einem Alten- und Pflegeheim sorgen dafür, dass es den Bewohnern möglich ist, die zwölf Aktivitäten des täglichen Lebens nach ihren Wünschen leben zu können. Auch die Hauswirtschaft trägt dazu bei.

Informieren Sie sich bei Ihrer Ausbilderin und/oder einer Pflegemitarbeiterin, wie die zwölf ADLs in Ihrer Einrichtung umgesetzt werden. Erstellen Sie eine Liste mit Beispielen, wie die Hauswirtschaft die Pflege bei den ADLs unterstützen kann.

ADL	Beispiele für den Beitrag der Hauswirtschaft
Essen und Trinken	Hauswirtschaft erstellt Mahlzeiten und sorgt für Getränke. Sie bringt ihr ernährungsphysiologisches Fachwissen ein und berücksichtigt dabei die Wünsche der Bewohner.
Kommunizieren	
Atmen	
Ausscheiden	
Für eine sichere Umgebung sorgen	
Sauberhalten und kleiden	
Körpertemperatur regulieren	
Sich bewegen	

ADL	Beispiele für den Beitrag der Hauswirtschaft
Arbeiten und spielen	
Sich als Mann und Frau fühlen	
Schlafen	
Sterben	

Sprechen Sie mit Ihren Großeltern oder anderen alten Menschen über die ADLs. Worin unterscheidet sich Ihre Sichtweise von der der alten Menschen? Nennen Sie ein Beispiel.

Kontrollieren und Bewerten

Besprechen Sie die hauswirtschaftlichen Beispiele mit Ihrer Ausbilderin. Wie gut konnten Sie die ADLs auf die Hauswirtschaft übertragen?

Beobachten Sie zukünftig im Arbeitsalltag, ob Sie bei den hauswirtschaftlichen Dienstleistungen die Bedürfnisse der Bewohner immer berücksichtigen.

Bedarf und Ansprüche von alten und pflegebedürftigen Menschen

7

Leittext 8
Bedarf und Ansprüche von Gästen eines Tagungs- oder Freizeithauses

Bild 1: Arbeiten an einer Moderationswand in einem Tagungshaus

Lernziele

- Die Auszubildende kennt Bedarf und Ansprüche von Tagungsgästen.
- Sie weiß um den hohen Stellenwert von Kundenorientierung und Servicequalität im Tagungshaus.

Einführung ins Thema

Kundenorientierung und Servicequalität sind die Begriffe, die die hauswirtschaftlichen Dienstleistungen in Tagungshäusern prägen.

Der Gast verbringt in aller Regel recht kurze Zeit bei Ihnen und soll sich in dieser Zeit natürlich so wohl fühlen, dass er gerne wiederkommt und das Haus weiterempfiehlt.

Der Gast
- erhält Informationen, bevor er ins Haus kommt,
- reist an,
- wird empfangen,
- bezieht sein Zimmer,
- nutzt öffentliche Räume,
- arbeitet in Seminarräumen,
- wird mit Speisen und Getränken versorgt,
- verbringt seine Freizeit und
- reist wieder ab.

Überall begleiten ihn hauswirtschaftliche Dienstleistungen.

EUROPA LEHRMITTEL

Informieren und Planen

Welche Gäste kommen zu Ihnen ins Haus?

☐ Kinder und Jugendliche

☐ Erwachsene

☐ Senioren und Menschen mit Handicap

☐ Geschäftsleute und Touristen

☐ Andere: _____

● Wie werden die Gäste in Ihrem Haus empfangen?

_____

_____

_____

Wie sind die Zimmer ausgestattet?

_____

_____

_____

● Wie sind die Tagungsräume ausgestattet?

_____

_____

_____

Skizzieren Sie kurz das Speisen- und Getränkeangebot in Ihrem Haus.

_____

_____

_____

Entscheiden und Durchführen

Planen Sie einen Tag in Ihrer Einrichtung als Gast. Bitten Sie Ihre Ausbilderin, die Kolleginnen über Ihren „Rollentausch" zu informieren. Die Kolleginnen dürfen nicht das Gefühl haben, dass sie persönlich überprüft werden.

Beschreiben Sie Ihre Erfahrung in der „Gastrolle":

Empfang

_____

_____

_____

_____

_____

Zimmer

_____

_____

_____

_____

Seminarräume

_____

_____

_____

_____

Freizeiträume

_____

_____

_____

Verpflegung

Weitere Beobachtungen

Kontrollieren und Bewerten

Besprechen Sie Ihre Erfahrungen mit Ihrer Ausbilderin.

Wie haben Sie sich als Gast gefühlt?

Welche Konsequenzen ziehen Sie aus dem Rollentausch für Ihre weitere Ausbildung? *Begründen Sie.*

Leittext 9
Warenannahme

Bild 1: Anlieferung

Lernziele

- Die Auszubildende kann bestellte Waren annehmen und kontrollieren.
- Sie kennt die betrieblichen Geschäftsvorgänge, die einer Anlieferung vor- und nachgeschaltet sind.

Einführung ins Thema

Ein hauswirtschaftlicher Betrieb benötigt unterschiedliche Waren (Warengruppen), mit denen er Produkte und Dienstleistungen erstellt, z. B.:
- Lebensmittel
- Wasch-, Reinigungs- und Desinfektionsmittel
- Reinigungstextilien und Hygieneartikel

Jeder Warenannahme geht eine Bestellung voraus. Ein Kaufvertrag wird abgeschlossen.

Mit der Unterschrift auf dem Lieferschein wird bescheinigt, dass keine sichtbaren Mängel erkennbar sind und dass die Ware angenommen wurde. Deshalb wird bei der Annahme kontrolliert,
- ob die Ware vollständig ist (lt. Bestellung),
- ob die Ware unbeschädigt ist,
- ob die Ware den jeweiligen Qualitätsanforderungen entspricht.

Mängel müssen sofort reklamiert werden (Mängelrüge). Je nach Art der Mängel kann der Betrieb
- auf den Umtausch der Ware bestehen (Ersatzlieferung),
- vom Kaufvertrag zurücktreten (Wandlung),
- einen geringeren Preis aushandeln (Minderung),
- Schadenersatz fordern, wenn ihm durch die fehlerhafte Lieferung ein Schaden entsteht.

Lieferscheine dienen der Buchhaltung als Beleg für den Zahlungsverkehr.

Informieren und Planen

Wo, wann und wie häufig werden die unterschiedlichen Waren in Ihrem Betrieb angeliefert?

Warengruppe	Ort der Anlieferung	Anlieferungstag und -turnus

Die Qualitätskontrollen, die bei der Anlieferung durchgeführt werden müssen, richten sich nach der Art der Waren. Benennen Sie für zwei Warengruppen je drei Qualitätskriterien.

Warengruppe	Qualitätskriterien
	1. _____ 2. _____ 3. _____
	1. _____ 2. _____ 3. _____

Warenannahme

9

9

Warenannahme

Entscheiden und Durchführen

Besprechen Sie mit Ihrer Ausbilderin, welche Warenannahme Sie wann durchführen sollen.

Warengruppe: _____ Zeitpunkt: _____

Besorgen Sie sich den Bestellschein oder Kaufvertrag. Wozu ist es wichtig, die Bestellung zu kennen?

_____

_____

_____

Was müssen Sie kontrollieren, bevor Sie den Lieferschein unterschreiben? *Erstellen Sie dazu eine Checkliste.*

Checkliste Wareneingangskontrolle
Warengruppe: _____ Zeitpunkt: _____

9

Warenannahme

Was müssen Sie tun, wenn Sie bei der Lieferung Mängel feststellen?

_____

_____

_____

_____

_____

_____

● Führen Sie die Warenannahme durch und leiten Sie den Lieferschein auf dem betriebsinternen Weg weiter.

Kontrollieren und Bewerten

Prüfen Sie:

☐ Haben Sie die Kontrollen vollständig durchgeführt?

☐ Haben Sie eventuelle Mängel reklamiert?

☐ Haben Sie den Lieferschein unterschrieben, bevor Sie ihn weitergeleitet haben?

Wie waren Sie mit der Planung und Durchführung der Warenannahme zufrieden?

_____

_____

_____

Wie kamen Sie damit zurecht, dass der Lieferant Sie eventuell unter Zeitdruck gesetzt hat, während Sie kontrolliert haben?

_____

_____

_____

Wie gut konnten Sie den Überblick bei der Warenannahme behalten?

_____

_____

_____

Leittext 10
Einkauf im Großverbrauchermarkt

Bild 1: Großverbrauchermarkt

Lernziele

- Die Auszubildende kennt verschiedene Einkaufsquellen.
- Sie kann einen Einkauf im Großverbrauchermarkt selbstständig planen und durchführen.
- Sie kann Kosten planen und ein vorgegebenes Budget einhalten.

Einführung ins Thema

Vom privaten Familienhaushalt sind Sie es gewohnt, in Supermärkten und Einzelhandelsfachgeschäften einzukaufen.

Hauswirtschaftliche Dienstleistungsunternehmen beziehen den größten Teil ihrer Waren in aller Regel im Großhandel. Hier erhalten sie alle Waren in großen Gebinden.

Manche hauswirtschaftlichen Dienstleistungsunternehmen schließen sich zu Einkaufsgemeinschaften zusammen. Größere Rabatte können ausgehandelt werden.

Die meisten Waren werden beim Händler telefonisch oder auf elektronischem Weg per Internet bestellt und frei Haus angeliefert.

Hin und wieder kann es aber auch nötig sein, Waren direkt im Großhandel einzukaufen. Weil der direkte Einkauf sehr personalintensiv ist, muss er für diesen konkreten Anlass sorgfältig geplant werden:
- Zeitpunkt des Einkaufs
- Transportfahrzeug
- Art und Menge der Waren
- Vorhandenes Budget

Informieren und Planen

Welche Großverbrauchermärkte gibt es in der näheren Umgebung Ihres Ausbildungsbetriebs? *Nennen Sie zwei Märkte.*

Name des 1. Großverbrauchermarkts _____

Entfernung vom Ausbildungsbetrieb: _____ km

Name des 2. Großverbrauchermarkts _____

Entfernung vom Ausbildungsbetrieb: _____ km

Warum ist es nicht sinnvoll, lange Wege für einen Einkauf im Großverbrauchermarkt zurückzulegen?

_____

_____

_____

Planen Sie in Absprache mit Ihrer Ausbilderin einen Einkauf. Welche Waren werden in welcher Menge benötigt?

Stück/kg/l	Ware	
		Wie hoch ist Ihr Budget für den Einkauf?
		_____ €

(Bei Bedarf fügen Sie ein separates Blatt ein.)

10

Einkauf im Großverbrauchermarkt

10

Einkauf im Großverbrauchermarkt

Entscheiden und Durchführen

In welchen Großverbrauchermarkt werden Sie fahren? _____

In welcher Form werden Sie bezahlen?

☐ bar

☐ mit Karte

☐ mit Lastschriftverfahren

Wann steht ein geeignetes Fahrzeug für den Einkauf zur Verfügung?

Datum: _____ Uhrzeit: von _____ bis _____

Was müssen Sie beim Einkauf aus Sicht des Arbeits- und Gesundheitsschutzes beachten?

_____

_____

_____

_____

_____

_____

Was aus Sicht der Hygiene?

_____

_____

_____

_____

_____

_____

_____

Was aus Sicht des Umweltschutzes?

● Führen Sie nun den Einkauf durch.

Kontrollieren und Bewerten

Kontrollieren Sie während des Einkaufs:

☐ Haben Sie Ihre Einkaufsliste vollständig abgearbeitet?

☐ Haben Sie alle notwendigen Belege für die Buchhaltung erhalten?

Wie gut war der Einkauf geplant?

● **Welche Schwierigkeiten gab es eventuell beim Einkauf?**

Wie rationell sind Sie beim Einkauf vorgegangen?

Leittext 11
Entkalken einer Kaffeemaschine

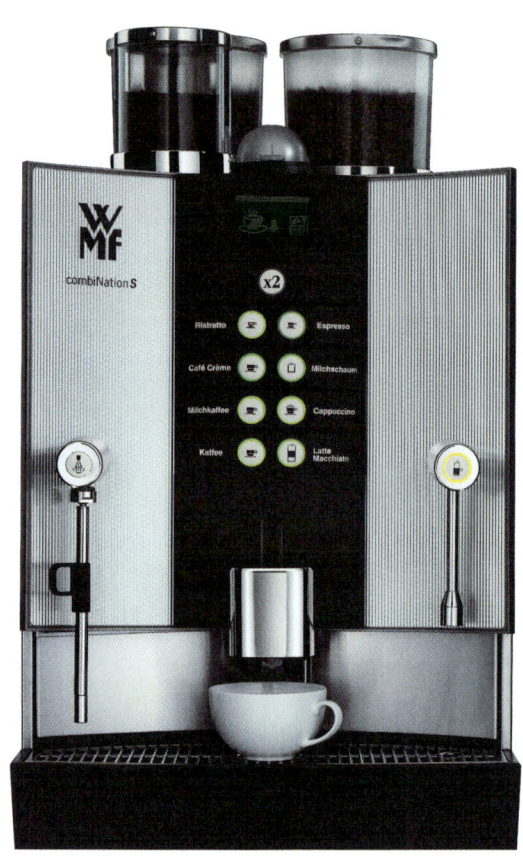

Bild 1: Kaffeemaschine

Lernziele

- Die Auszubildende kennt das Verfahren zur Entkalkung von Kaffeemaschinen und kann es selbstständig anwenden.
- Sie berücksichtigt beim Entkalken Arbeits- und Gesundheitsschutz, Hygiene und Umweltschutz.

Einführung ins Thema

Geräte und Maschinen, in denen oder mit denen Wasser hoch erhitzt wird, verkalken in einem mehr oder minder kurzen Zeitraum.

Wasser, das in die Haushalte gelangt, hat einen langen Weg hinter sich. Verantwortlich für den Kalk im Wasser sind der Erdboden und das Gestein, durch das es sickert. Hier reichert es sich mit Calciumcarbonat ($CaCO_3$) und Calciumsulfat ($CaSO_4$) an. Beim Erhitzen setzen sie sich im Gerät ab und bilden eine milchig-weiße Schicht.

Diese Ablagerung ist nicht nur unschön, sondern hat Auswirkungen auf die Funktionstüchtigkeit der Maschine. Das Rohr, durch das das Wasser steigt, wird enger, die Maschine benötigt längere Zeit und somit mehr Energie.

Von der Härte des Wassers hängt ab, wie schnell die Maschine verkalkt. Über die Wasserhärte in Ihrer Stadt gibt Ihnen das Wasserwerk Auskunft. Seit 2007 wird die Härte des Wassers in Millimol/l Wasser angegeben. Die frühere, heute noch manchmal anzutreffende Bezeichnung war „° dH" (Grad deutscher Härte). Im §9 des Gesetzes über die Umweltverträglichkeit von Wasch- und Reinigungsmitteln (kurz: Wasch- und Reinigungsmittelgesetz) werden u. a. die Härtebereiche definiert.

> **§9 Wasch- und Reinigungsmittelgesetz: Angabe der Wasserhärtebereiche**
>
> (1) Die Wasserversorgungsunternehmen haben dem Verbraucher den Härtebereich des von ihnen abgegebenen Trinkwassers mindestens einmal jährlich, ferner bei jeder nicht nur vorübergehenden Änderung des Härtebereichs in Form von Aufklebern oder in einer ähnlich wirksamen Weise mitzuteilen.
>
> (2) Die Härtebereiche sind wie folgt anzugeben:
> Härtebereich weich   weniger als 1,5 Millimol Calciumcarbonat je Liter
> Härtebereich mittel   1,5 bis 2,5 Millimol Calciumcarbonat je Liter
> Härtebereich hart   mehr als 2,5 Millimol Calciumcarbonat je Liter.

Für die Entkalkung der Maschine werden saure Lösungen eingesetzt.

Informieren und Planen

11

Entkalken einer Kaffeemaschine

Woher können Sie erfahren, welchen Härtegrad das Wasser in Ihrer Einrichtung hat?

_____

Ermitteln Sie den Härtegrad in Ihrer Einrichtung.

_____

Der Härtegrad des Wassers ist e i n Grund für die Verkalkung von Kaffeemaschinen. Welche weiteren Gründe gibt es?

_____

_____

_____

Welches Entkalkungsmittel wird in Ihrem Ausbildungsbetrieb eingesetzt? _____

In welcher Form liegt das Entkalkungsmittel vor?

☐ flüssig

☐ Pulver

☐ Tablette

Welche Informationen über die Dosierung und die Vorgehensweise können Sie der Produktbeschreibung des Entkalkungsmittels entnehmen?

Dosierung	
Vorgehens-weise beim Entkalken	

11

Entkalken einer Kaffeemaschine

Welche Schutzvorschriften müssen Sie beim Entkalken einhalten? (Siehe auch Leittext 4 „Umgang mit Gefahrstoffen)

_____

_____

_____

_____

Erstellen Sie einen Zeitplan für die Entkalkung der Maschine.

Zeit	Tätigkeit

Entscheiden und Durchführen

Entscheiden Sie, wann im Tagesablauf der günstigste Zeitpunkt zum Entkalken der Kaffeemaschine ist. Begründen Sie.

Entkalkung der Maschine um _____ Uhr, weil

_____

_____

Wie können Sie sicherstellen, dass während des Entkalkungsprozesses niemand unbefugt die Kaffeemaschine benutzt?

_____

● Entkalken Sie nun die Kaffeemaschine.

Kontrollieren und Bewerten

Was konnten Sie während des Entkalkens beobachten?

_____

_____

_____

War die Entkalkung erfolgreich? Wie können Sie das feststellen?

_____

_____

_____

Wie gut konnten Sie Ihren Zeitplan einhalten?

_____

_____

_____

Welche Schwierigkeiten sind eventuell aufgetreten? Wie konnten Sie sie bewältigen?

_____

_____

_____

Leittext 12
Bedienung einer Einscheibenmaschine

Bild 1: Reinigungsarbeiten mit einer Einscheibenmaschine

Lernziele

- Die Auszubildende kennt Funktion und Einsatzbereich von Einscheibenmaschinen.
- Sie kann eine Einscheibenmaschine bedienen.

Einführung ins Thema

Einscheibenmaschinen sind Maschinen, die zur rationellen und professionellen Bearbeitung von Fußböden eingesetzt werden.

An einem Treibteller sind Tellerbürsten oder Reinigungspads angebracht, die mit einer Geschwindigkeit von 150–220 Umdrehungen (U) pro Minute rotieren (Normalläufer).

High-speed-Maschinen (Schnellläufer) gibt es mit einer Umdrehung von 300–750 U/Minute.

Je nach Einsatzbereich benötigt man für die Maschinen Zubehör, z. B.
- farblich unterschiedliche Pads für verschieden starken Abrieb
- Wassertank
- Sprayvorrichtung

Reinigungsarbeiten, die häufig mit Einscheibenmaschinen durchgeführt werden, sind:
- Scheuern
- Grundreinigen
- Polieren
- Cleanern
- Shampoonieren

Informieren und Planen

Die Handhabung – das Führen – einer Einscheibenmaschine bedarf einiger Übung. Bevor Sie mit der Maschine arbeiten, müssen Sie von Ihrer Ausbilderin eingewiesen werden. Das schreiben das Arbeitsschutzgesetz und, wenn Sie unter 18 Jahren sind, auch das Jugendarbeitsschutzgesetz vor.

Machen Sie sich zunächst an der ruhenden Maschine mit den einzelnen Elementen der Maschine vertraut. Fotografieren Sie die Einscheibenmaschine und kleben Sie das Foto hier ein. Kennzeichnen Sie im Foto die einzelnen Elemente.

- Führungsstange (Deichsel) und Hebel

  zum Verstellen der Führungsstange

- Bedienungsgriff

- Ein- und Ausschalttaste

- Netzstecker

- Wassertank oder Sprayvorrichtung

- Antriebsmotor

- Treibteller

- Transportrollen

(Platz für Ihr Foto)

Lassen Sie sich von Ihrer Ausbilderin die Beschreibung der Maschine und die Betriebsanleitung geben. Welche wichtigen Informationen können Sie dort entnehmen?

_____

_____

_____

_____

_____

_____

_____

12

Bedienung einer Einscheibenmaschine

Entscheiden und Durchführen

Wählen Sie mit Ihrer Ausbilderin einen Raum mit wenig oder gar keiner Überstellung aus, in dem Sie das Polieren mit der Maschine erproben können.

Lassen Sie sich zunächst die Bedienung von Ihrer Ausbilderin vorführen und achten Sie auf die einzelnen Schritte. *Beschreiben Sie:*

Wie legt sie das Pad unter den Treibteller?	
Wie hält sie die Führungsstange, bevor sie die Maschine einschaltet?	
Wie platziert sie das Kabel, damit sie es nicht überfährt?	
Wie reagiert die Maschine, wenn die Ausbilderin sie einschaltet? Was tut sie, damit die Einscheibenmaschine läuft?	
Wie führt die Ausbilderin die Maschine beim Polieren durch den Raum?	
Wann setzt sie die Transportrollen ein?	

Führen Sie nun die Maschine selbst, um ein Gefühl für die rotierende Scheibe zu bekommen. *Polieren Sie einen Raum.*

Nach der Benutzung reinigen und pflegen Sie die Einscheibenmaschine und stellen sie ins Lager zurück.

Wie reinigen Sie das Pad?

_____

_____

Wie reinigen Sie den Treibteller?

_____

_____

Was geschieht mit dem Kabel?

_____

_____

Auf was achten Sie, wenn Sie die Maschine im Lager abstellen?

_____

_____

Kontrollieren und Bewerten

Wie gut konnten Sie die Maschine führen?

_____

_____

_____

Was macht Ihnen eventuell Schwierigkeiten?

_____

_____

_____

Welche Hilfe benötigen Sie eventuell noch, um im Umgang mit der Maschine sicher zu werden?

_____

_____

_____

Bedienung einer Einscheibenmaschine

12

13

Gebäcke und Kuchen

Leittext 13
Gebäcke und Kuchen

Bild 1: Apfelkuchen   Bild 2: Verschiedene Gebäcke

Lernziele

- Die Auszubildende kennt die verschiedenen Teigarten.
- Sie kann Backwaren nach Grundrezepten und deren Abwandlung herstellen.

Einführung ins Thema

Dieser Leittext wird Sie eine längere Zeit begleiten. Immer wenn Sie sich eine neue Teigart erarbeiten, können Sie nach diesem Leittext vorgehen.
- Rührteig
- Bisquitteig
- Hefeteig
- Mürbeteig
- Quark-Öl-Teig
- Brandteig
- Strudelteig

Fast alle Teige werden aus Mehl, Eier, Zucker, Fett, Flüssigkeit und Triebmittel hergestellt. Sie unterscheiden sich jedoch
- in der Zusammensetzung
- in der Art der Zubereitung
- in der Wirkungsweise des jeweiligen Triebmittels
- in der Backtemperatur und -zeit.

Jede Teigart können Sie wiederum vom Grundrezept abwandeln, z. B. durch
- Geschmackszutaten
- Mengenverhältnisse
- Zugaben von Obst, Nüssen usw.
- Art und Weise der Backform (Blech, Springform, Boden, freie Formen wie Schnecken, Rollen oder Kleingebäck)

Informieren und Planen

Da Sie nun systematisch die verschiedenen Teige kennenlernen, legen Sie sich gleich zu Beginn eine Liste (im PC) an, aus der hervorgeht:

- Art des Teiges
- Name des Gebäcks/des Kuchens
- Welches Triebmittel? Was müssen Sie bei der Herstellung beachten, damit das Triebmittel wirkt?
- Rezeptur, Backtemperatur und -zeit
- Abwandlungsmöglichkeiten vom Grundteig

Diese Liste wird im Laufe Ihrer Ausbildungszeit immer umfangreicher, und Sie können sie auch danach immer wieder ergänzen.

Die erste Teigart, mit der Sie sich beschäftigen, ist der Rührteig.

Informieren Sie sich über Rührteig und legen Sie mit ihrer Ausbilderin fest, welches Gebäck Sie als erstes herstellen.

Art des Teiges	Rührteig
Name des Gebäcks/ des Kuchens	
Triebmittel	
Was muss bei der Herstellung beachtet werden, damit das Triebmittel wirkt?	
Rezeptur	
Backtemperatur, Backzeit	
Abwandlungsmöglich- keiten vom Grundteig	

Gebäcke und Kuchen

13

Erstellen Sie einen Zeitplan für die Herstellung des Kuchens.

Zeit	Tätigkeit

Entscheiden und Durchführen

Welche Arbeitsmittel benötigen Sie?

Gebäcke und Kuchen

13

Wie ordnen Sie die Arbeitsmittel ergonomisch sinnvoll an? Fotografieren Sie Ihren vorbereiteten Arbeitsplatz und kleben Sie das Foto hier ein.

(Platz für Ihr Foto)

Backen Sie nun den Kuchen.

Kontrollieren und Bewerten

Wie gut war Ihr Arbeitsplatz vorbereitet?

_____

_____

Wie kamen Sie mit Ihrem Zeitplan zurecht?

_____

_____

_____

Wie beurteilen Sie die Qualität des Kuchens?

Aussehen	
Krume	
Stand- und Schnitt-festigkeit	
Geschmack	

Leittext 14
Getränkeangebot

Bild 1: Vorbereitung eines Kaffeebüfetts in einem Tagungshaus

Lernziele

- Die Auszubildende kennt den täglichen Flüssigkeitsbedarf von verschiedenen Versorgungsgruppen.
- Sie kennt die gesundheitlichen und kulturellen Aspekte von Getränken.
- Sie kann Getränke ansprechend präsentieren und servieren.

Einführung ins Thema

Der Gesamtorganismus des Menschen besteht zu etwa 70 % aus Wasser. Ohne eine regelmäßige Flüssigkeitszufuhr kann der Mensch nur wenige Tage überleben. Ein gesunder erwachsener Mensch hat einen täglichen Flüssigkeitsbedarf von etwa 2,5 l.

Doch wir trinken nicht nur, weil wir überleben wollen, sondern das Trinken ist in unserer Kultur fast immer mit festen Riten verbunden:
- Wir trinken zum Frühstück, Mittagessen, zum Kuchen und Abendbrot.
- Wir bieten Gästen Getränke an.
- Wir trinken auf Partys.
- Wir trinken auf einem Empfang.
- Wir trinken, wenn wir Sport treiben.

Die Form, in der wir Getränke zu uns nehmen, ist bei jedem Anlass verschieden:
- der Frühstückskaffee am Morgen,
- das kühlende Getränk in einem Biergarten an einem heißen Sommertag,
- das festlich servierte Glas Wein bei einer Feier,
- die Safttüte eines Kleinkindes bei einem Zoobesuch.

14

Getränkeangebot

Informieren und planen

Zu welchen Anlässen werden in Ihrer Einrichtung Getränke gereicht? Erstellen Sie eine Tabelle über die Anlässe.

Anlass	Getränkeangebot	Ort	Trinkgefäß

Entscheiden und Durchführen

Suchen Sie aus dieser Liste ein Beispiel heraus.

Wie werden zu diesem Anlass Gläser, Tassen oder Becher bei Tisch eingedeckt. *Erstellen Sie eine Zeichnung.*

14

Getränkeangebot

Wie bieten Sie die Getränke an und wie servieren Sie sie?

_____

_____

_____

_____

_____

_____

_____

Übernehmen Sie für einen festgelegten Zeitraum, den Sie mit Ihrer Ausbilderin absprechen, die Verantwortung für den Getränkeservice in Ihrem ausgewählten Beispiel.

Verantwortung für die Getränke bei _____

vom _____ bis _____

Kontrollieren und Bewerten

Kontrollieren und bewerten Sie jedes Mal folgende Kriterien: (Tragen Sie hier nur die Kontrollen vom ersten und vom letzten Mal ein).

Wie fachgerecht ist der Tisch eingedeckt?

beim ersten Mal	beim letzten Mal

Welche Temperatur hat das Getränk? Ist die Temperatur o.k.?

beim ersten Mal	beim letzten Mal

Wie ist Ihr persönliches Erscheinungsbild, wenn Sie servieren?

beim ersten Mal	beim letzten Mal

Leittext 15
Zimmerreinigung (Unterhaltsreinigung)

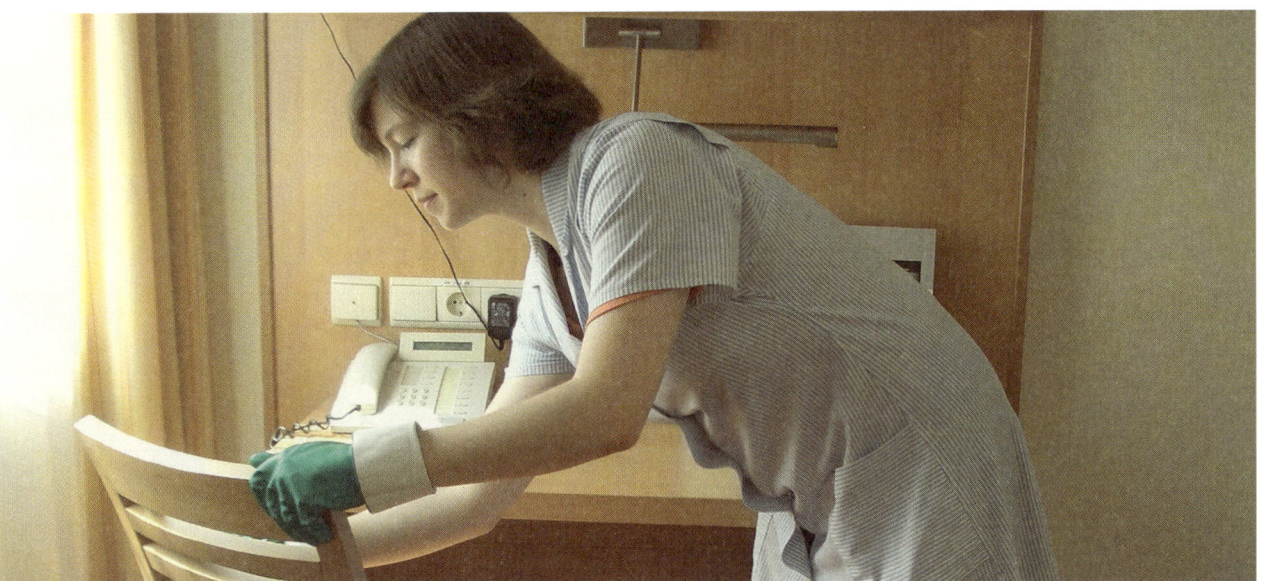

Bild 1: Unterhaltsreinigung

Lernziele

- Die Auszubildende kennt Reinigungsverfahren und -methoden.
- Sie kann Böden und Oberflächen sachgerecht reinigen.
- Sie kann eine Zimmerreinigung rationell durchführen.

Einführung ins Thema

Reinigungs**verfahren** unterscheiden sich durch die Intensität, mit der gereinigt wird. Es gibt die
- Grundreinigung
- Unterhaltsreinigung
- Sichtreinigung

Eine Grundreinigung ist das gründlichste Reinigungsverfahren. Hierbei werden stark anhaftende Verschmutzungen entfernt und abgenutzte Pflegefilme saniert. Bei einer Grundreinigung werden alle frei beweglichen Möbel aus dem Zimmer geräumt.

Die Unterhaltsreinigung ist eine turnusmäßige (meist wöchentliche) Reinigung, bei der regelmäßig festgelegte Reinigungsarbeiten durchgeführt werden. Bei der Unterhaltsreinigung werden leicht bewegliche Möbel innerhalb des Zimmers beiseite gerückt.

Die Sichtreinigung ist eine vom Umfang her reduzierte Reinigung, bei der die sichtbaren Verschmutzungen zwischen zwei Unterhaltsreinigungen entfernt werden.

Reinigungs**methoden** sind z. B.
- saugen
- feucht wischen
- nass wischen
- scheuern
- polieren

Da Reinigung eine personalintensive Dienstleistung ist, müssen die Abläufe so rationell wie möglich durchgeführt werden.

Zimmerreinigung (Unterhaltsreinigung)

15

Informieren und Planen

Welche Arbeitsmittel (z. B. Reinigungsmittel, Reinigungstücher, Reinigungsgeräte, Hygieneartikel) sind auf Ihrem Reinigungswagen? Wozu werden sie eingesetzt?

Arbeitsmittel	Einsatzbereich

Warum ist es wichtig, dass die Arbeitsmittel sachgerecht eingesetzt werden? Was passiert z. B., wenn Sie mit einem roten Reinigungstuch (für WC) einen Tisch im Zimmer abwischen?

Welche Arbeitsschritte fallen bei der Unterhaltsreinigung an? Überlegen Sie sich eine sinnvolle Reihenfolge.

Rüsten (Vorarbeiten)	
Reinigung (Durchführung)	
Abrüsten (Nachbereitung)	

Welche Arbeitsschutz- und Hygienemaßnahmen müssen Sie einhalten?

15

Zimmerreinigung (Unterhaltsreinigung)

Wie dosieren Sie die Reinigungsmittel?

Art des Reinigungsmittels	Name des Reinigungsmittels	Dosierung
Reiniger für Fußboden		
Reiniger für Oberflächen		
Sanitärreiniger		

Besprechen Sie Ihre geplanten Arbeitsschritte mit Ihrer Ausbilderin.

Entscheiden und Durchführen

Entscheiden Sie mit Ihrer Ausbilderin, welche Zimmer Sie reinigen.

Reinigen Sie die Zimmer und notieren Sie, wie viel Zeit Sie für ein Zimmer benötigen. Notieren Sie die Zeit für das erste und das letzte Zimmer.

Kontrollieren und Bewerten

Haben Sie die richtige Reihenfolge der Arbeitsschritte eingehalten? ☐ ja ☐ nein

Ist der Sauberkeitsgrad erreicht, der in Ihrem Ausbildungsbetrieb Standard ist? ☐ ja ☐ nein

Zeit für das erste Zimmer: _____ Minuten.   Zeit für das letzte Zimmer: _____ Minuten.

Wie ordentlich sieht der Reinigungswagen nach dem Abrüsten aus?

_____

_____

Wie sind Sie mit dem Reinigungsergebnis und mit Ihrem Arbeitstempo zufrieden?

_____

_____

_____

_____

Wie vertraut sind Sie mit den Arbeitsschritten?

_____

_____

_____

Leittext 16
Blumengestecke

Bild 1: Blumengesteck: Einfaches Material, große Wirkung

Lernziele

● Die Auszubildende kann Blumengestecke zu unterschiedlichen Anlässen herstellen.

Einführung ins Thema

Blumengestecke sind ein vielseitiges Dekorationselement.

Um ein ansprechendes Gesteck zu kreieren, können Sie fast alle Materialien verwenden, die die Natur in den verschiedenen Jahreszeiten hervorbringt:

● Schnittblumen
● Blühende Zweige von Büschen und Bäumen
● Trockenblumen
● Feldblumen
● Gräser

● Hölzer
● Zapfen
● Früchte
● Gewürze

Als Arbeitsmaterial benötigen Sie je nach Art des Gesteckes:
● Gefäße
● Steckhilfen
● Blumenschere
● Draht und Zange

Informieren und Planen

16

Blumengestecke

Überlegen Sie mit Ihrer Ausbilderin, zu welchem Anlass Sie ein Gesteck gestalten können.

_____

_____

Welche Materialien können Sie der Jahreszeit entsprechend verwenden?

_____

_____

_____

_____

_____

Wie groß soll das Gesteck werden?

_____

Wo wird das Gesteck platziert?

_____

Welche Form soll das Gesteck bekommen?

☐ länglich

☐ symmetrisch

☐ kugelförmig

☐ assymetrisch

Weitere eigene Gestaltungsideen:

_____

_____

_____

_____

_____

Welche Farbe(n) passt (passen) zu den sonstigen Dekorationselementen?

_____

Welches Budget steht Ihnen zur Verfügung?

_____ €

Entscheiden und Durchführen

Welches Material werden Sie verwenden?

_____

_____

_____

Welches Gefäß passt zum Material und zum Anlass?

☐ Glasschale

☐ Porzellanschale

☐ Keramiktopf

☐ Selbst hergestellte Gefäße

Weitere eigene Gestaltungsideen:

_____

_____

_____

Welche Steckhilfen benötigen Sie?

☐ Knetmasse

☐ Steckigel

☐ Draht

Weitere eigene Ideen:

_____

_____

_____

16

Blumengestecke

16

Blumengestecke

Erstellen Sie das Gesteck. Fotografieren Sie es und kleben Sie hier das Foto ein.

(Platz für Ihr Foto)

Kontrollieren und Bewerten

Wie passen Material, Gefäß und Form zueinander?

_____

_____

_____

Prüfen Sie, ob alles stabil gesteckt ist.

Wie gefällt Ihnen das Gesteck? Begründen Sie Ihre Beurteilung.

_____

_____

_____

Wie kamen Sie mit der Stecktechnik zurecht?

_____

_____

Welche Hilfen oder Ideen benötigen Sie für weitere Gestecke?

_____

_____

Leittext 17
Jahreszeitliche Dekoration

Bild 1: Weihnachtsdekoration

Lernziele

- Die Auszubildende weiß, welche Bedeutung die Raumdekoration für den Gast, Bewohner oder Kunden einer Einrichtung hat.
- Sie kennt jahreszeitliche Dekorationselemente, kann sie herstellen und personenbezogen einsetzen.

Einführung ins Thema

Der Jahres- und Festkreis bietet zahlreiche Möglichkeiten, mit Pflanzen und unterschiedlichen Materialien in öffentlichen Räumen und in Wohnräumen Atmosphäre zu schaffen.

Für Bewohner in Heimen, die dort langfristig leben, hat diese Dekoration eine weitere Bedeutung: Sie schafft Orientierung und ermöglicht Erinnerungen an Vertrautes und Familiäres.

Mögen auch in vielen Einrichtungen Dienstleistungen an Fachbetriebe vergeben sein: Die Speisenversorgung an Caterer, die Reinigung an Gebäudereinigungs-Unternehmen, die Wäscheversorgung an Großwäschereien. Damit ist die Versorgung abgedeckt.

Doch wenn sich Menschen in einer Einrichtung wohl fühlen sollen, brauchen sie mehr als „Versorgung". Hier ist die Hauswirtschaft aufgefordert, durch jahreszeitliche Dekoration Atmosphäre zu schaffen.

Jahreszeitliche Dekoration

17

Informieren und Planen

Legen Sie mit Ihrer Ausbilderin fest, für welche Jahreszeit oder für welchen Anlass Sie eine Dekoration erstellen.

Jahreszeit/Anlass: _____ Ort/Raum: _____

Welches Dekorationsmaterial ist noch vom letzten Jahr vorhanden?

_____

_____

_____

_____

Was möchten Sie davon übernehmen? Was möchten Sie ergänzen? Welches Budget steht Ihnen dafür zur Verfügung?

Budget: _____ €

_____

_____

_____

_____

_____

_____

Wann können Sie die Dekoration herstellen? _____

Wann können Sie die Dekoration anbringen? _____

Welche Hilfe benötigen Sie eventuell beim Anbringen der Dekoration?

_____

_____

_____

_____

_____

Was müssen Sie aus Sicht des Arbeitsschutzes bedenken?

_____

_____

_____

_____

Entscheiden und Durchführen

Entscheiden Sie, was Sie herstellen möchten.

_____

_____

_____

_____

Erstellen Sie eine Liste für das Material, das Sie benötigen und führen Sie einen Preisvergleich von zwei Anbietern durch.

Menge	Material	Anbieter A	Anbieter B
Summe		€	€

Beschaffen Sie das Material.

Stellen Sie die Dekoration her und platzieren Sie sie am vorgesehenen Ort.

Jahreszeitliche Dekoration

17

17

Jahreszeitliche Dekoration

Fotografieren Sie die Dekoration und kleben Sie hier das Foto ein.

(Platz für Ihr Foto)

Kontrollieren und Bewerten

Wie kamen Sie mit den Arbeitstechniken zurecht?

_____

_____

_____

Wie gefällt Ihnen die Dekoration?

_____

_____

_____

Ist die Dekoration dem Anlass und der Zielgruppe angemessen?

☐ zu protzig?　　　☐ zu schlicht?　　　☐ zu kitschig?　　　☐ zu elegant?

☐ dem Anlass und der Zielgruppe genau angemessen, weil

_____

_____

Leittext 18
Sortieren von Wäsche

Bild 1: Pflegeanleitung für Textilien

Lernziele

- Die Auszubildende kennt textile Fasern und ihre Eigenschaften.
- Sie kann Textilien den richtigen Waschverfahren zuordnen.
- Sie kennt die rechtlichen Rahmenbedingungen für die Textilkennzeichnung und die Wäschesortierung.

Einführung ins Thema

In Privathaushalten und in hauswirtschaftlichen Dienstleistungsbetrieben wird eine Vielzahl von Textilien gewaschen:

- Bettwäsche
- Frotteewäsche
- Tischwäsche
- Leibwäsche
- Oberbekleidung
- Küchenwäsche
- Reinigungstextilien
- Personalkleidung
- Gardinen und Stores
- Duschvorhänge
- Textile Pflegehilfsmittel

Nach dem Textilkennzeichnungsgesetz müssen Textilien mit ihrer Faserzusammensetzung gekennzeichnet sein.

Die Angaben für die Pflegeanleitung (Pflegesymbole) sind nicht gesetzlich vorgeschrieben, werden von den Herstellern aber fast immer freiwillig erstellt. Diese Angaben erleichtern Ihnen das Sortieren.

In einem Betrieb, der nicht zum Gesundheitswesen gehört, kann die Wäsche in der Wäscherei sortiert werden. In Krankenhäusern, Alten- und Pflegeheimen u. Ä. muss sie am Entstehungsort sortiert werden, also auf der Station oder im Wohnbereich. Nur die **nicht infektionsverdächtige** Oberbekleidung von Bewohnern kann auch in der Wäscherei sortiert werden.

18

Sortieren von Wäsche

Informieren und planen

Welche Wäsche fällt in Ihrem Ausbildungsbetrieb an?

im Wohn- und/oder Gästebereich	
im Pflege- und Funktionsbereich	
in der Küche	
bei der Reinigung	

Je nach Art des Betriebes kann die Wäsche in der Wäscherei sortiert werden oder sie muss direkt am Entstehungsort (Station, Wohnbereich) sortiert werden.

☐ In meinem Betrieb kann die Wäsche in der Wäscherei sortiert werden.

☐ In meinem Betrieb muss die Wäsche am Entstehungsort sortiert werden.

Begründung:

_____

_____

_____

_____

_____

Welche Arbeitsmittel und welche Arbeitsschutzkleidung stehen für das Sortieren zur Verfügung?

Arbeitsmittel	Arbeitsschutzkleidung

Entscheiden und Durchführen

Legen Sie mit Ihrer Ausbilderin fest, welchen Posten Wäsche Sie sortieren.

Entscheiden Sie bei jedem Wäscheteil, zu welchem Waschgang es zugeordnet wird.

Wählen Sie aus dem gesamten Wäscheposten **fünf** verschiedene Wäscheteile aus, und beschreiben Sie deren Zuordnung.

18

Sortieren von Wäsche

Wäscheteil	Zusammensetzung der Fasern	Pflegehinweis des Herstellers	Verschmutzungsgrad	Waschgang

Welche Folgen kann eine falsche Sortierung haben?

_____

_____

_____

Kontrollieren und Bewerten

Wie kamen Sie mit der Sortierung zurecht?

_____

_____

_____

Welche Probleme sind eventuell aufgetreten? Wie haben Sie sie gelöst?

_____

_____

_____

Welche Hygiene- und Arbeitsschutzmaßnahmen haben Sie eingehalten?

_____

_____

Leittext 19
Telefongespräche

Bild 1: Telefongespräch

Lernziele

- Die Auszubildende kennt Regeln für dienstliche Telefongespräche.
- Sie kann Telefonanrufe annehmen und weiterleiten.
- Sie kann Telefonate vor- und nachbereiten.

Einführung ins Thema

Auch in Zeiten von elektronischen Kommunikationsmitteln nimmt das Telefon im dienstlichen Bereich weiterhin einen wichtigen Platz bei den Kommunikationsmitteln ein.

Mit Emails werden nur Inhalte transportiert. Sie eignen sich gut für
- Weitergabe von Informationen
- Bestellungen, Bestätigungen
- Anfragen
- Übersenden von Dateien.

Telefonate dagegen sind Gespräche, bei denen Sie mit Ihrer Stimme und Ihrer Persönlichkeit einer Person gegenübertreten – auch wenn sie sich nicht sehen.

Für beide möglichen Telefonsituationen:
- Sie rufen selbst jemanden an oder
- Sie werden von jemandem angerufen,
gelten im beruflichen Umfeld Regeln, mit denen Sie sich gleich am Anfang Ihrer Ausbildungszeit vertraut machen sollten.

Siehe auch Leittext „Umgangsformen und persönliches Erscheinungsbild im Berufsalltag" auf S. 36. Einige Aspekte dieses Leittextes lassen sich auf Telefonate übertragen.

19

Telefongespräche

Informieren und Planen

Informieren Sie sich über die technische Seite der Telefonanlage in Ihrem Ausbildungsbetrieb.

Wie werden Telefonate angenommen und beendet?

_____

_____

Wie können Sie nach außen telefonieren?

_____

_____

Wie können Sie innerhalb des Betriebes telefonieren? Wo befindet sich die Liste mit den internen Telefonnummern?

_____

_____

Telefongespräche sind Kundengespräche. Erarbeiten Sie sich Aspekte, die ein erfolgreiches und ansprechendes Telefonat ausmachen.

_____

_____

_____

_____

_____

_____

_____

_____

Besprechen Sie mit Ihrer Ausbilderin, wie die Standardbegrüßung in Ihrem Ausbildungsbetrieb üblich ist.

_____

_____

Erkundigen Sie sich, welche Kompetenzen Sie am Telefon haben. Nennen Sie drei Beispiele, was Sie selbst bearbeiten dürfen und was Sie an Ihre Ausbilderin weiterleiten müssen.

Meine Kompetenzen	Das muss ich an meine Ausbilderin weiterleiten

Entscheiden und Durchführen

Beschreiben Sie Ihre Verhaltensweisen in den verschiedenen Phasen eines Telefonats.

Begrüßung	
Sie haben möglicherweise den Namen des Gesprächspartners nicht verstanden	
Der Anrufer möchte nicht mit Ihnen, sondern mit jemand anderem sprechen, der zzt. nicht im selben Raum ist.	
Der Gesprächspartner hat ein Anliegen, das außerhalb Ihrer Kompetenzen liegt.	

19

Telefongespräche

19

Telefongespräche

Der Gesprächspartner hat eine Nachricht, die an Dritte weitergegeben werden soll.	
Der Gesprächspartner wird grob und unhöflich.	
Es treten Störungen von außen auf (z. B. elektrische Signale von Geräten), auf die Sie reagieren müssen.	
Beenden des Gesprächs und Nachbereitung.	
Sie möchten selbst jemanden anrufen. Wie bereiten Sie sich vor?	

Kontrollieren und Bewerten

Besprechen Sie mit Ihrer Ausbilderin, ob die beschriebenen Verhaltensweisen angemessen sind. Beobachten Sie sich bei den nächsten Telefonaten, wie gut Sie sich an alle Vorgaben halten. Was können Sie eventuell noch verbessern?

_____

_____

_____

_____

_____

_____

Leittext 20
Begrüßung von Gästen

Bild 1: Begrüßung eines Gastes am Empfang eines Tagungshauses

Lernziele

- Die Auszubildende kann Gäste empfangen und begrüßen.
- Sie beherrscht gute Umgangsformen.

Einführung ins Thema

Jeder, der eine Einrichtung betritt, ist ein Gast (wenn er nicht Mitarbeiter oder Bewohner ist):
- Tagungsgäste
- Urlauber
- Patienten
- Besucher von Bewohnern
- Mitarbeiter von Aufsichtsbehörden wie Berufsgenossenschaften, Medizinischer Dienst, Heimaufsicht, Mitarbeiter der Lebensmittelüberwachung usw.
- Mitarbeiter von Lieferanten (Fachberater, Anlieferungspersonal)
- Verbandsvertreter
- Ärzte
- Fachberater, Referenten
- Journalisten

Sie begegnen Gästen nicht nur, wenn Sie am Empfang arbeiten, sondern in all Ihren Arbeitsbereichen:
- während Sie ein Zimmer reinigen,
- während Sie auf Fluren Blumen pflegen,
- während Sie servieren,
- selbst wenn Sie über den Hof gehen, um Abfallbehälter zu leeren.

Jeder Gast hat einen Anspruch darauf, freundlich empfangen zu werden – zu jeder Zeit und in jeder Situation.

20

Begrüßung von Gästen

Informieren und planen

Bevor Sie diesen Leittext bearbeiten, schauen Sie sich noch einmal den Leittext „Umgangsformen und persönliches Erscheinungsbild" auf S. 36 an.

Gibt es in Ihrer Einrichtung festgeschriebene Begrüßungsstandards? Wie lauten sie?

_____

_____

_____

_____

Überlegen Sie für einen Einsatz am Empfang, auf was Sie bei der Begrüßung von Gästen achten. *Beschreiben Sie.*

Wie ist Ihr Erscheinungsbild (z. B. Kleidung, Haltung)?	
Wie sprechen Sie den Gast an?	
Wie zeigen Sie dem Gast Ihre Aufmerksamkeit?	
Wie sind Ihre Mimik und Gestik bei der Begrüßung?	

Wie reagieren Sie, wenn während der Begrüßung das Telefon klingelt?	
Wie reagieren Sie auf aggressive oder unfreundliche Menschen?	
Welche Regeln halten Sie bezüglich Essen und Trinken ein, wenn Sie am Empfang stehen?	

Beobachten Sie einmal, wie Sie selbst in einem Gasthaus oder in einem Einzelhandelsgeschäft begrüßt werden.

Wie fühlen Sie sich und wie reagieren Sie, wenn man Sie zu lange warten lässt?

_____

_____

_____

… wenn Ihnen niemand eine kompetente Auskunft geben kann?

_____

_____

_____

… wenn Ihnen jemand sagt: „Dafür bin ich nicht zuständig"?

_____

_____

_____

20

Begrüßung von Gästen

Entscheiden und Durchführen

Wenn Sie jetzt eine Weile am Empfang arbeiten, beobachten
- Sie sich selbst
- und wie die Gäste reagieren.

Wählen Sie eine Empfangssituation aus und beschreiben Sie sie.

_____

_____

_____

_____

_____

_____

_____

_____

_____

Kontrollieren und Bewerten

Wie ist Ihnen Ihr Einsatz am Empfang gelungen? Haben Sie sich wohl gefühlt? Hat es Ihnen Spaß gemacht?
Wie sicher fühlten Sie sich im Umgang mit den Gästen?

_____

_____

_____

_____

_____

_____

_____

_____

Leittext 21
Teilnahme an einer Veranstaltung eines Berufsverbandes

Bild 1: Arbeitsgruppe bei einem Treffen eines Berufsverbandes

Lernziele

- Die Auszubildende kennt verschiedene hauswirtschaftliche Verbände.
- Sie weiß, welche Aufgaben und Ziele sie verfolgen.
- Sie kennt den beruflichen und persönlichen Nutzen, den sie als Mitglied in einem Verband hat.

Einführung ins Thema

Es gibt zahlreiche hauswirtschaftliche Verbände, die in der Bundesarbeitsgemeinschaft Hauswirtschaft (BAG-HW) zusammengeschlossen sind.

Einer von ihnen ist der Berufsverband Hauswirtschaft.
Auf seiner Internetseite ist zu lesen:

„Der Berufsverband Hauswirtschaft ist seit fast 40 Jahren die berufspolitische Vertretung der hauswirtschaftlichen Fach- und Führungskräfte in Deutschland. Er setzt sich für die beruflichen, sozialen und wirtschaftlichen Interessen seiner Mitglieder ein.

Vorrangige Ziele dabei sind die Förderung der Aus- und Weiterbildung sowie die Unterstützung des Erfahrungsaustausches und Öffentlichkeitsarbeit für das Berufsfeld. Der Berufsverband Hauswirtschaft arbeitet unabhängig und ohne Verfolgung wirtschaftlicher Ziele.

Mitglieder des Berufsverbandes Hauswirtschaft sind hauswirtschaftliche Fach- und Führungskräfte – von der Erstausbildung Hauswirtschafter/in bis zur Hochschulabsolventin. Daneben können auch andere Personen, Verbände, Institutionen oder Organisationen korporative Mitglieder werden, wenn sie die Zielsetzung des Verbandes unterstützen."

Und der Bundesverband hauswirtschaftlicher Berufe MdH e.V. schreibt auf seiner Internetseite:

„Der Bundesverband hauswirtschaftlicher Berufe MdH e.V. ist ein Berufsverband für alle hauswirtschaftlichen Fachkräfte in Praxis, Ausbildung und Lehre. Im Mittelpunkt steht die hauswirtschaftliche Professionalität. Die Ziele des Verbandes sind (Auszug):

- Darstellung aller Berufsbilder der Hauswirtschaft in der Öffentlichkeit
- Förderung der Fort- und Weiterbildung für hauswirtschaftliche Fach- und Führungskräfte
- Förderung des hauswirtschaftlichen Nachwuchses durch die jährliche Ausrichtung des Bundesleistungswettbewerbes für Auszubildende in der Hauswirtschaft
- Die Bildung von Netzwerken innerhalb des Verbandes zum kollegialen Austausch
- Stellungnahme zu Verbraucherfragen"

Informieren und Planen

Sie möchten hauswirtschaftliche Verbände kennenlernen und in Erfahrung bringen, welchen Nutzen die Mitgliedschaft in einem Verband für Sie haben kann.

Besuchen Sie zunächst drei Verbände im Internet. Die Adressen aller hauswirtschaftlichen Verbände finden Sie unter www.dghev.de im Ordner Beiräte und Fachausschüsse.

Welche Informationen finden Sie dort zu den drei Verbänden?

1. Verband: _____

Aufgaben	Ziele	Dienstleistungen, die ich in Anspruch nehmen könnte

2. Verband: _____

Aufgaben	Ziele	Dienstleistungen, die ich in Anspruch nehmen könnte

3. Verband: _____

Aufgaben	Ziele	Dienstleistungen, die ich in Anspruch nehmen könnte

Entscheiden und Durchführen

Die hauswirtschaftlichen Verbände laden Mitglieder und Interessierte zu zahlreichen regionalen und überregionalen Veranstaltungen ein. Melden Sie sich – am besten mit mehreren Auszubildenden gemeinsam – zu einer Veranstaltung an.

Sammeln Sie im Vorfeld Fragen, die Sie als zukünftige hauswirtschaftliche Fachkräfte an die Verbandsmitglieder haben, die Sie dort treffen werden.

_____

_____

_____

_____

_____

_____

_____

_____

_____

Teilnahme an einer Veranstaltung eines Berufsverbandes

21

Kontrollieren und Bewerten

Wie wurden Sie als Auszubildende bei der Veranstaltung aufgenommen?

_____

_____

_____

Was war für Sie als Auszubildende auf der Veranstaltung besonders interessant?

_____

_____

_____

Über was haben Sie mit anderen Teilnehmern gesprochen?

_____

_____

_____

Können Sie sich vorstellen, Mitglied in diesem Verband zu werden? Begründen Sie.

_____

_____

_____

_____

_____

_____

_____

Sprechen Sie mit Ihrer Ausbilderin über den Nutzen einer Mitgliedschaft in einem hauswirtschaftlichen Verband.

Auch wenn Sie sich jetzt noch nicht entscheiden wollen, prüfen Sie im Laufe Ihrer weiteren Ausbildung noch einmal, ob Sie nicht doch von einer Mitgliedschaft profitieren können.

Leittext 22
Protokollführung

Bild 1: Protokollführerin

Lernziele

- Die Auszubildende kennt Funktion und Nutzen eines Protokolls.
- Sie weiß, wie Protokolle strukturiert werden.
- Sie kann die Protokolle erstellen.

Einführung ins Thema

Protokolle über Teamsitzungen, Besprechungen, Veranstaltungen sind wichtig
- als Gedächtnisstütze:
  für diejenigen, die an der Sitzung teilgenommen haben
- als Informationsunterlage:
  für diejenigen, die nicht teilgenommen haben, aber über den Inhalt informiert sein müssen
- als Kontrollinstrument und Beweismittel, Grundlage für eine Dokumentation:
  um überprüfen zu können, wer teilgenommen hat, wann die Sitzung stattgefunden hat, welche Tagesordnungspunkte die Sitzung hatte, welche Beschlüsse gefasst wurden.

Vor einer Sitzung muss geklärt werden, ob ein Ergebnisprotokoll oder ein Verlaufsprotokoll erstellt werden soll:
- Im Ergebnisprotokoll werden nur die Ergebnisse festgehalten.
- Im Verlaufsprotokoll wird auch beschrieben, wie es zu den Ergebnissen kam.

Ein Protokoll besteht aus
- einem Protokollkopf,
- dem Inhalt der Sitzung (Ergebnisse und/oder Verlauf),
- dem Protokollabschluss.

Der Protokollkopf dient der Orientierung über die Rahmenbedingungen. Im Protokollabschluss werden die Verantwortlichen, der Protokollführer und der Verteiler genannt, wenn vorhanden auch Anlagen, die zum Protokoll gehören.

22 Protokollführung

Informieren und planen

Sie sollen demnächst die wöchentliche Teamsitzung der Hauswirtschaft protokollieren. *Erfragen Sie die Rahmenbedingungen für die Sitzung.*

Wie heißt die Veranstaltung?	
Wer leitet sie?	
Wer nimmt teil?	
Wo und wann findet die Sitzung statt?	
Welche Punkte stehen auf der Tagesordnung? TOP bedeutet: **T**ages**O**rdnungs-**P**unkte	TOP 1 _____ _____ TOP 2 _____ _____ TOP 3 _____ _____ TOP 4 _____ _____ TOP 5 _____ _____

Entscheiden und Durchführen

Lassen Sie sich von Ihrer Ausbilderin verschiedene Protokolle geben und überlegen Sie, wie Sie den Protokollkopf und den Protokollabschluss am PC gestalten.

Eventuell gibt es in Ihrem Ausbildungsbetrieb auch Protokollvordrucke, an denen Sie sich orientieren können.

Protokollkopf und -abschluss können Sie schon vor der Sitzung vorbereiten, lediglich die tatsächlichen Teilnehmer tragen Sie zu Beginn der Sitzung ein.

Machen Sie sich Stichpunkte während der Sitzung und erstellen Sie anschließend zeitnah das Protokoll am PC.

Kontrollieren und Bewerten

Bevor Sie das Protokoll weiterleiten, kontrollieren Sie:

☐ Ist der Protokollkopf vollständig?

☐ Ist der Protokollabschluss vollständig?

☐ Ist das Protokoll für Kollegen, die nicht teilgenommen haben, verständlich?

☐ Haben Sie die Rechtschreibung geprüft?

Wie ist Ihnen das Protokoll gelungen?

_____

_____

_____

Welche Schwierigkeiten hatten Sie eventuell bei der Erstellung des Protokolls?

_____

_____

_____

Welche Unterstützung benötigen Sie eventuell für das nächste Protokoll?

_____

_____

_____

Besprechen Sie das Protokoll mit Ihrer Ausbilderin und nehmen Sie, wenn nötig, Korrekturen vor.
Lassen Sie das Protokoll von der Verantwortlichen unterschreiben und verteilen Sie es.

22

Protokollführung

Leittext 23
Ausstattung von Lagerräumen einer Produktionsküche

Bild 1: Lagerräume einer Produktionsküche

Lernziele

- Die Auszubildende kennt die hygienischen Vorschriften für die Lagerhaltung in Küchen der Gemeinschaftsverpflegung.
- Sie kann die Einrichtung der Lagerräume nach Funktion, Ergonomie und Hygiene beurteilen und Verbesserungsvorschläge erarbeiten.

Einführung ins Thema

In der EU-Verordnung Nr. 852/2004 über Lebensmittelhygiene wird erläutert, welche Vorschriften für Betriebsstätten gelten, in denen mit Lebensmitteln umgegangen wird:

> „Betriebsstätten, in denen mit Lebensmitteln umgegangen wird, müssen so angelegt, konzipiert, gebaut, gelegen und bemessen sein, dass
> - eine angemessene Instandhaltung, Reinigung und /oder Desinfektion möglich ist, aerogene Kontaminationen vermieden oder auf ein Mindestmaß beschränkt werden und ausreichende Arbeitsflächen vorhanden sind, die hygienisch einwandfreie Arbeitsgänge ermöglichen,
> - die Ansammlung von Schmutz, der Kontakt mit toxischen Stoffen, das Eindringen von Fremdteilchen in Lebensmittel, die Bildung von Kondensflüssigkeit oder unerwünschte Schimmelbildung auf Oberflächen vermieden wird,
> - gute Lebensmittelhygiene, einschließlich Schutz gegen Kontaminationen und insbesondere Schädlingsbekämpfung ist, und
> - soweit erforderlich, geeignete Bearbeitungs- und Lagerräume vorhanden sind, die insbesondere eine Temperaturkontrolle und eine ausreichende Kapazität bieten, damit die Lebensmittel auf einer geeigneten Temperatur gehalten werden können und eine Überwachung und, sofern erforderlich, eine Registrierung einer Lagertemperatur möglich ist."

Diese Forderungen gelten nicht nur für Produktions-, sondern auch für Lagerräume.

Neben den hygienischen Aspekten für die Lagerhaltung sind insbesondere die ergonomischen Bedingungen wichtig. Lagerhaltung kann zu körperlicher Schwerstarbeit werden, wenn Räume falsch eingerichtet sind oder wenn Arbeitsmittel für das richtige Heben und Tragen fehlen.

Informieren und planen

Aus welchem Grund müssen für verschiedene Warengruppen unterschiedliche Lagerräume vorhanden sein? Warum kann nicht alles in ein oder zwei großen Lagerräumen lagern?

_____

_____

_____

_____

_____

Wo und bei welcher Temperatur werden in Ihrem Ausbildungsbetrieb die folgenden Lebensmittelgruppen gelagert?

Lebensmittelgruppe	Lagerort	Temperatur
Fleisch und Wurst		
Molkereiprodukte		
Eier		
Gemüse und Obst		
Trockenprodukte		
TK-Produkte		
angebrochene Waren		

Wo lagern die Non-Food-Waren?

Non-food-Waren	Lagerort
Koch- und Ess-Geschirr und Besteck	
Tischwäsche	
Küchenwäsche	
Reinigungs- und Desinfektionsmittel, Arbeitsmittel für die Reinigung	

Entscheiden und Durchführen

Wählen Sie einen Lagerraum aus und zeichnen Sie hier den Grundriss des Lagers. Verzeichnen Sie auch die Maße.

Beschreiben Sie die folgenden Elemente des Lagerraums.

Regale

Welches Material? _____ Ist es geeignet? ☐ ja ☐ nein

Falls nein: Welches Material wäre besser geeignet? _____

Breite und Tiefe der Regalböden: _____ Ist die Größe geeignet? ☐ ja ☐ nein

Falls nein: Welche Maße wären besser geeignet? _____

Wie sind die Regale im Raum angeordnet? Zeichnen Sie sie maßstabgerecht in den Grundriss ein.

Welche Verletzungsgefahren gehen möglicherweise von den Regalen aus?

_____

_____

_____

Leitern und/oder Tritte

Standort: _____

Material: _____

Beurteilen Sie die Sicherheit der Leitern oder Tritte.

_____

_____

_____

_____

_____

_____

_____

Beleuchtung

Hell genug?   ☐ ja   ☐ nein

Leicht zu reinigen? ☐ ja   ☐ nein

Lüftung/Fenster

Ausreichend?   ☐ ja   ☐ nein

Gut zu erreichen?   ☐ ja   ☐ nein

Leicht zu bedienen? ☐ ja   ☐ nein

Möglichkeiten zur Temperaturmessung

Wie wird die Temperatur im Raum kontrolliert?

☐ mit Thermometer (n)

☐ digitale Temperaturmessung

Besprechen Sie mit Ihrer Ausbilderin, dass Sie zwei Wochen lang die Verantwortung für diesen Lagerraum übernehmen.

Welche regelmäßigen Arbeiten fallen in dieser Zeit in dem Lagerraum an? Führen Sie darüber Protokoll.

23

Ausstattung von Lagerräumen einer Produktionsküche

Was	Wann	Wie

Kontrollieren und Bewerten

Was ist Ihnen in diesen zwei Wochen aufgefallen? Wie verantwortungsvoll haben Sie Ihre Aufgaben durchgeführt? Welche Verbesserungsvorschläge haben Sie eventuell für die Lagerhaltung in diesem Raum?

_____

_____

_____

_____

_____

_____

_____

_____

Leittext 24
Beurteilung eines barrierefreien Sanitärraumes

Bild 1: Barrierefreies Bad

Lernziele

- Die Auszubildende kennt die gesetzlichen Anforderungen zur Einrichtung von barrierefreien Sanitärräumen in Alten- und Pflegeheimen.
- Sie kann Vorschläge zur Einrichtung erarbeiten.

Einführung ins Thema

Menschen mit Gehbehinderungen benötigen in Ihrem privaten Wohnumfeld, aber auch in öffentlichen Bereichen Toilette, Waschtisch, Dusche und Badewanne, die sie ungehindert erreichen und nutzen können.

Für die Einrichtung von Sanitärräumen in Heimen gibt es gesetzliche Vorschriften, die in der Heimmindestbau-Verordnung festgeschrieben sind (folgendes Beispiel aus der Verordnung von NRW).

§ 10 Sanitäre Anlagen (für alle Arten von Heimen)
(1) Badewannen und Duschen in Gemeinschaftsanlagen müssen bei ihrer Benutzung einen Sichtschutz haben.
(2) Bei Badewannen muss ein sicheres Ein- und Aussteigen möglich sein.
(3) Badewannen, Duschen und Spülaborte müssen mit Haltegriffen versehen sein.
(4) In Einrichtungen mit Rollstuhlbenutzern müssen für diese Personen geeignete sanitäre Anlagen in ausreichender Zahl vorhanden sein.

§ 18 Sanitäre Anlagen (für Alten- und Pflegeheime)
(1) Für jeweils bis zu acht Bewohner muss im gleichen Geschoss mindestens ein Spülabort mit Handwaschbecken vorhanden sein.
(2) Für jeweils bis zu 20 Bewohner muss im gleichen Gebäude mindestens eine Badewanne oder eine Dusche zur Verfügung stehen.
(3) In den Gemeinschaftsbädern der Pflegeabteilungen sind die Badewannen an den Längsseiten und an einer Stirnseite freistehend aufzustellen.

Informieren und planen

Schauen Sie sich ein behindertengerechtes Bad in Ihrem Ausbildungsbetrieb an und beschreiben Sie:

Wie groß ist die Grundfläche? _____ m • _____ m = _____ m²

Wie breit ist die Eingangstür (ohne Rahmen)? _____ cm

Wie unterscheiden sich Dusche, Wanne, WC und Waschtisch baulich von anderen Sanitärräumen?

Sanitäreinrichtungen	Unterschied zu herkömmlichen Bädern
Dusche	
Wanne	
WC	
Waschtisch	

Welche Einstieghilfen gibt es für die Wanne?

_____

_____

_____

Wie ist der Spiegel angebracht? Warum gerade so?

_____

_____

24

Beurteilung eines barrierefreien Sanitärraums

Wo sind Haltegriffe angebracht?

_____

_____

_____

Ist das Toilettenpapier vom WC aus bequem zu erreichen? ☐ ja ☐ nein

Wo befindet sich die Notrufanlage?

_____

_____

_____

Wie ist der Boden beschaffen? Gibt es eventuell Stolperstellen?

_____

_____

_____

Welche Sitzgelegenheiten gibt es im Bad?

_____

_____

_____

Welche Beleuchtungskörper gibt es? Ist das Licht ausreichend?

_____

_____

_____

Gibt es genügend Ablageflächen für Hygieneartikel? ☐ ja ☐ nein

Wie wird das Bad belüftet?

_____

_____

_____

24

Beurteilung eines barrierefreien Sanitärraums

24

Beurteilung eines barrierefreien Sanitärraums

Entscheiden und durchführen

Setzen Sie sich in einen Rollstuhl und befahren Sie das Bad. Beurteilen Sie, ob das Bad tatsächlich funktionsgerecht gestaltet ist.

_____

_____

_____

_____

_____

Machen Sie Vorschläge, wie Sie das Bad angenehm und ansprechend gestalten können.

_____

_____

_____

_____

_____

Kontrollieren und Bewerten

Wie ging es Ihnen, als Sie selbst im Rollstuhl saßen?

_____

_____

_____

_____

Wie gut ist Ihnen die Beurteilung des Bades gelungen?

_____

_____

_____

_____

Leittext 25
Hackfleischgerichte

Bild 1: Königsberger Klopse

Lernziele

- Die Auszubildende kennt verschiedene Zubereitungsarten von Hackfleisch.
- Sie kann Hackfleischgerichte unter ökonomischen und ernährungsphysiologischen Aspekten beurteilen.
- Sie kann Hackfleischgerichte der Zielgruppe entsprechend einsetzen.

Einführung ins Thema

Bei einer ausgewogenen Vollkost kommt Fleisch etwa dreimal wöchentlich auf den Speiseplan.

Fleisch ist ein wichtiger
- Eiweißträger mit einer hohen biologischen Wertigkeit
- Lieferant der Vitamine B1, B6 und B12
- Eisenlieferant

Hackfleischgerichte werden gern eingesetzt
- aus wirtschaftlichen Gründen
- wegen ihrer Vielfältigkeit
- wegen ihrer Beliebtheit

Hackfleisch gibt es im Handel als
- reines Rinderhackfleisch
- reines Schweinehackfleisch
- gemischtes Hackfleisch
- Mett (gewürztes Schweinehackfleisch)

Je nach Zutaten (Kräuter, Gewürze usw.), Ausformung und Garverfahren können Hackfleischgerichte zu ganz unterschiedlichen Gerichten verarbeitet werden.

Hackfleischgerichte

25

Informieren und planen

Welche Hackfleischgerichte haben Sie im ersten Ausbildungsjahr schon kennengelernt? Ordnen Sie die Gerichte den Garverfahren zu.

Garverfahren	Hackfleischgericht
Braten	
Schmoren	
Garziehen	
Backen	

Ermitteln Sie den Eiweiß-, Kohlenhydrat- und Fettanteil für eine Frikadelle mit einem Gewicht von 150 g und berechnen Sie den Energiegehalt.

Eiweiß: _____ g   Kohlenhydrate: _____ g   Fett: _____ g

Energiegehalt: _____ kJ = _____ kcal

Vergleichen Sie die Lebensmittelkosten für diese Frikadelle mit denen für ein 150 g schweres Schweinesteak.

Zutaten Frikadelle	Kosten		Zutaten Steak	Kosten
Summe Frikadelle	€		Summe Steak	€

Entscheiden und Durchführen

Entscheiden Sie sich für vier Hackfleischgerichte, die Sie in den nächsten vier Wochen zubereiten (ein Hackfleischgericht pro Woche). Orientieren Sie sich bei der Auswahl an der Zielgruppe Ihrer Einrichtung.

Legen Sie für jedes Hackfleischgericht fest, welche Beilagen Sie geben, damit die Mahlzeit ernährungsphysiologisch hochwertig ist.

Zielgruppe: _____

Hackfleischgericht	Beilagen	Begründung für die Beilagen

Stellen Sie in den nächsten vier Wochen die Hackfleischgerichte her.

25

Hackfleischgerichte

Kontrollieren und bewerten

Ermitteln Sie an einem Tag innerhalb der vier Wochen, wie zufrieden die Tischgäste mit dem Hackfleischgericht sind. Machen Sie dazu jeweils eine kurze Befragung unmittelbar nach der Mahlzeit. Welche drei Fragen könnten Sie den Tischgästen stellen?

1. _____

2. _____

3. _____

Ergebnis der Befragung:

Zu 1. _____

Zu 2. _____

Zu 3. _____

Bewerten Sie selbst die Planung, die Herstellung und das Ergebnis des Hackfleischgerichts.

Bezeichnung des Hackfleischgerichts	
Planung	
Herstellung	
Ergebnis	

Leittext 26
Durchführung einer Präsentation am Beispiel Reinigungsfaktoren (Sinner'scher Kreis)

Chemie
Mechanik
Temperatur
Zeit

Bild 1: Sinner'scher Kreis

Lernziele

- Die Auszubildende kennt die Reinigungsfaktoren und ihre wechselseitige Wirkung.
- Sie kann den Anteil der Reinigungsfaktoren bei den verschiedenen Reinigungsmethoden zuordnen.
- Sie kann theoretische Inhalte visualisieren und vor einer Gruppe präsentieren.

Einführung ins Thema

Sie haben jetzt gegen Ende des zweiten Ausbildungsjahres schon viel Praxiserfahrung in der Reinigung. Sie haben Küchen, Wohnräume, Funktionsräume, Sanitärräume u. a. gereinigt.

In diesem Leittext werden Sie Reinigungstheorie und -praxis miteinander verbinden und dies in einem kleinen Vortrag vor einer Gruppe präsentieren.

Diese vier Reinigungsfaktoren sind an jedem Reinigungsprozess beteiligt.

- Chemie
- Mechanik
- Zeit
- Temperatur

Bei der Reinigung entfernen Sie Schmutz. Der prozentuale Anteil der vier Reinigungsfaktoren unterscheidet sich je nach Art der Verschmutzung.
- lose aufliegender Schmutz, z. B. Staub, Sand, Erde, Papier, Spinnweben
- anhaftender Schmutz, der wasserlöslich ist, z. B. angetrockneter Kaffeefleck, Lebensmittelreste
- anhaftender Schmutz, der wasserunlöslich ist, z. B. Kaugummi, Teer

Durchführung einer Präsentation am Beispiel Reinigungsfaktoren (Sinner'scher Kreis)

26

Informieren und Planen

Besprechen Sie mit Ihrer Ausbilderin, vor welchem Personenkreis Sie Ihren Reinigungsvortrag präsentieren und legen Sie fest, wie lang die Präsentation dauern soll. (Empfohlene Zeit: 10 Minuten)

Personengruppe: _____ Dauer des Vortrags: _____ Minuten.

Erstellen Sie eine Liste der Reinigungschemie, die in Ihrem Ausbildungsbetrieb eingesetzt wird.

Reinigungschemie	Einsatzbereich

Welche Reinigungsmethoden haben Sie bisher kennen gelernt?
Vergleichen Sie den Anteil der Reinigungsfaktoren bei vier verschiedenen Methoden.
(Ein Beispiel ist vorgegeben.)

Reinigungsmethode	Chemie	Mechanik	Zeit	Temperatur
feucht wischen z. B. Staub auf Oberflächen	sehr gering	viel	sehr gering	sehr gering

Entscheiden und Durchführen

Bei der Präsentation können Sie nicht alle Beispiele erläutern. Entscheiden Sie sich für zwei Beispiele, an denen Sie den Einsatz und die Bedeutung der vier Reinigungsfaktoren am besten darstellen können.

Beispiel 1: _____

Beispiel 2: _____

Entscheiden Sie, wie Sie die Inhalte visualisieren (mehrere Visualisierungen möglich).

☐ eine Collage gestalten

☐ an einer Pinnwand mit Moderationskarten

☐ auf Folie oder mit Laptop und Beamer

☐ an einer Flipchart

☐ mit Reinigungsgeräten und Reinigungsmitteln

Weitere eigene Ideen:

_____

_____

_____

Besprechen Sie Ihre Ideen mit Ihrer Ausbilderin.

Üben Sie die Präsentation.

Führen Sie die Präsentation durch.

Lassen Sie sich von Kollegen während der Präsentation fotografieren und kleben Sie das Foto hier ein.

(Platz für Ihr Foto)

26 Kontrollieren und bewerten

Beurteilen Sie Ihre Präsentation mithilfe der Auswertungszielscheibe.

Markieren Sie farblich, in welchem Segment Sie sich bei den jeweiligen Beurteilungskriterien einordnen.

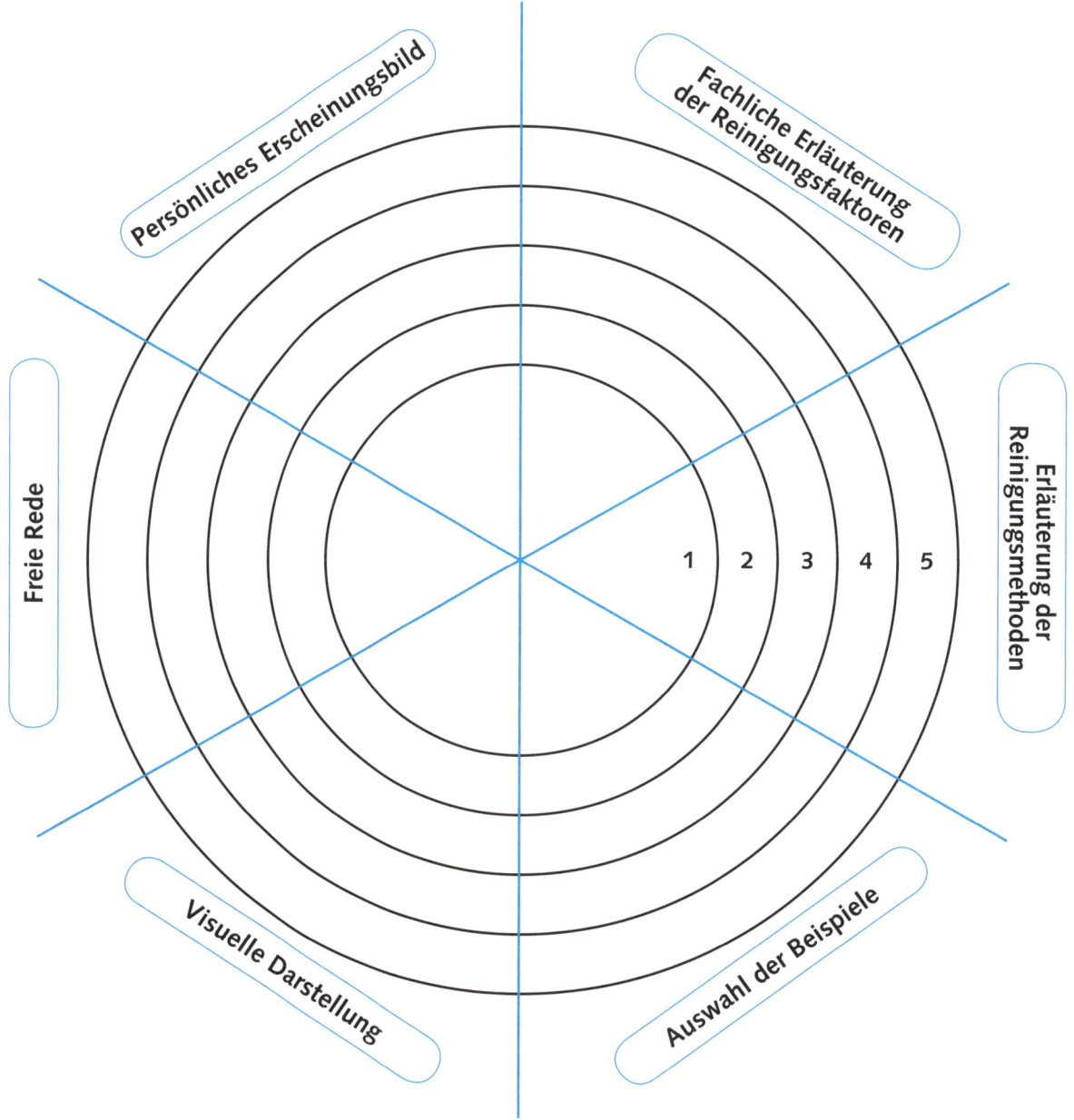

Bild 1: Auswertungszielscheibe

Wie sicher fühlten Sie sich bei der freien Rede?

_____

_____

_____

Hinweis: In der freien Rede sollten Sie auf jeden Fall Sicherheit erlangen und bei Bedarf noch mehr üben. Damit bereiten Sie sich gut auf das Prüfungsgespräch bei Ihrer Abschlussprüfung vor.

Leittext 27
Wäschekreislauf für Arbeitskleidung, Küchen- und Tischwäsche in einer Schulküche

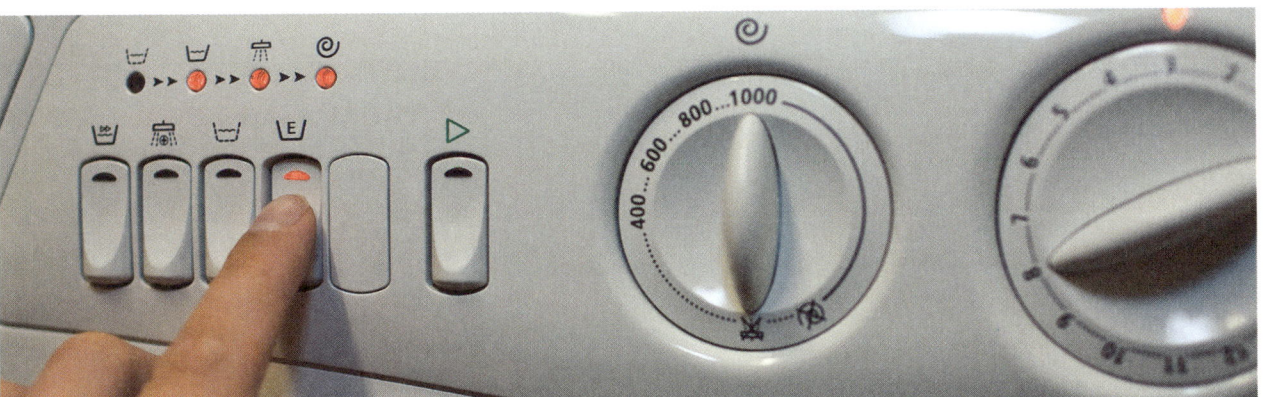

Bild 1: Wäschepflege

Lernziele

- Die Auszubildende kennt die einzelnen Schritte im Wäschekreislauf.
- Sie kann Arbeitskleidung, Küchen- und Tischwäsche sachgerecht waschen und pflegen.
- Sie kennt die hygienischen Anforderungen für Küchenwäsche aus Betrieben der Gemeinschaftsverpflegung.

Einführung ins Thema

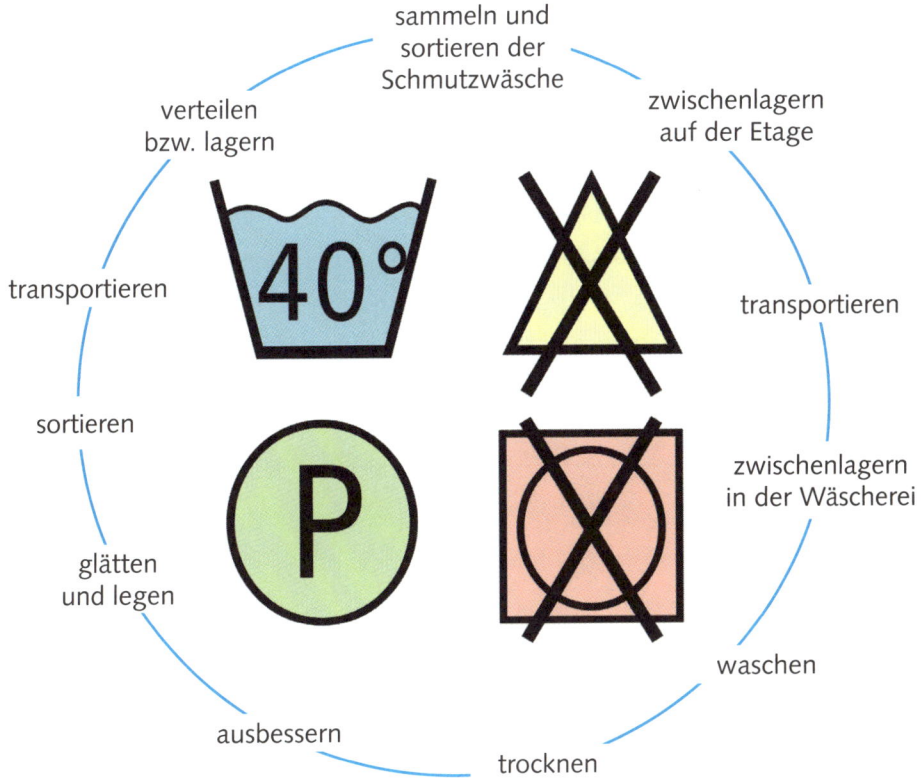

Bei der Bearbeitung der Wäsche durchlaufen Sie einen Kreislauf mit vielen Prozessschritten:

- vom Sammeln und Sortieren der Schmutzwäsche
- bis zum Verteilen der sauberen, gepflegten Wäsche

Im ersten Ausbildungsjahr haben Sie die einzelnen Prozessschritte schon kennen gelernt. Mit diesem Leittext durchlaufen Sie jetzt einmal systematisch alle Schritte des Wäschekreislaufs.

Ihre Aufgabe ist es, die vorhandene Schmutzwäsche zu waschen, zu pflegen und schrankfertig zu machen.

Bild 2: Wäschekreislauf

Wäschekreislauf für Arbeitskleidung, Küchen- und Tischwäsche in einer Schulküche

27

Informieren und Planen

Welche und wie viel Wäsche ist heute zu waschen und zu pflegen?

_____

_____

_____

_____

Welche Hygienegefahren können von Schmutzwäsche ausgehen?

_____

_____

_____

_____

Was müssen Sie beachten, damit von der sauberen Wäsche keine Hygienerisiken ausgehen?

_____

_____

_____

Wo können Sie die einzelnen Schritte des Wäschekreislaufs in der Schulwäscherei durchführen?
Welche Geräte, Maschinen und Arbeitsmittel benötigen Sie für die Schritte?

Prozessschritt	Wo?	Geräte, Maschinen und weitere Arbeitsmittel
sammeln und sortieren		
zwischenlagern		
transportieren		
zwischenlagern		
waschen		

Prozessschritt	Wo?	Geräte, Maschinen und weitere Arbeitsmittel
trocknen		
ausbessern		
glätten und legen		
sortieren		
transportieren		
verteilen/ lagern		

Entscheiden und Durchführen

Für jeden Schritt im Wäschekreislauf gibt es verschiedene Methoden. Beschreiben Sie für einen der Prozessschritte zwei mögliche Methoden. Entscheiden Sie sich für eine der Möglichkeiten und begründen Sie Ihre Entscheidung.

Prozessschritt: _____

Beschreibung der Methode 1	Beschreibung der Methode 2

Entscheidung für ☐ Methode 1 ☐ Methode 2

Begründung:

Waschen und pflegen Sie nun die Wäsche und machen Sie sie schrankfertig.

27

Wäschekreislauf für Arbeitskleidung, Küchen- und Tischwäsche in einer Schulküche

Kontrollieren und bewerten

Kontrollieren Sie:

Die Wäsche ist ☐ sauber ☐ unbeschädigt ☐ fachgerecht gelegt

Welche Prozessschritte sind Ihnen gut gelungen?

_____

_____

_____

Welche Schwierigkeiten sind eventuell aufgetreten?

_____

_____

_____

Wie haben Sie diese Schwierigkeiten gelöst?

_____

_____

_____

_____

_____

Was werden Sie beim nächsten Mal eventuell anders machen?

_____

_____

_____

_____

_____

_____

Leittext 28
Schädlingsprophylaxe im Lebensmittellager

Bild 1: Schädlinge

Lernziele

- Die Auszubildende kennt Schädlinge und ihre Lebensbedingungen.
- Sie kann Maßnahmen durchführen, um einem Schädlingsbefall vorzubeugen.

Einführung ins Thema

Schädlinge suchen ihren Lebensraum mit Vorliebe dort, wo Lebensmittel gelagert, verarbeitet oder als Lebensmittelabfall gesammelt werden.

Sie sind Überträger von pathogenen Keimen und können selbst auch pathogene Keime ausscheiden. Sie stellen für den Tischgast ein gesundheitliches Risiko dar.

Schädlingsbefall im Lebensmittelbereich kann in einer Einrichtung einen erheblichen finanziellen und öffentlichen Schaden anrichten. Deshalb ist die wichtigste und erste Maßnahme gegen Schädlingsbefall die Prophylaxe, also die Vorbeugung. Schutz vor Schädlingen ist möglich durch
- gründliche Eingangskontrolle aller Waren
- regelmäßige Sichtkontrolle aller Räume
- Reinigung ohne Feuchtrückstände
- bauliche Maßnahmen wie z. B. Fliegengitter
- Ordnung im Lager, keine Lagerung auf dem Boden
- sachgerechte Abfallentsorgung
- aufmerksame Mitarbeiter

Schädlingsprophylaxe im Lebensmittellager

28

Informieren und Planen

Benennen Sie acht Schädlinge im Lebensmittelbereich.

_____

_____

_____

_____

_____

_____

Wählen Sie aus den Schädlingen zwei aus, die Sie nun näher beschreiben.

Schädling 1: _____

Lebensweise	
Wie gelangen sie in die Lagerräume? Woran lässt sich der Befall erkennen?	
Gefahr für Lebensmittel und Mensch	
Vorbeugemaßnahmen	

Schädling 2: _____

Lebensweise	
Wie gelangen sie in die Lagerräume? Woran lässt sich der Befall erkennen?	
Gefahr für Lebensmittel und Mensch	
Vorbeugemaßnahmen	

Entscheiden und Durchführen

Besprechen Sie mit Ihrer Ausbilderin, welche Lagerräume Sie in den nächsten vier Wochen auf Schädlingsbefall kontrollieren.

Lagerräume: _____

Kontrolle vom _____ bis _____

Erstellen Sie eine Checkliste, aus der hervorgeht:
- Was muss kontrolliert werden?
- Wie oft muss kontrolliert werden?
- Was tun Sie, wenn Sie bei Kontrollen Mängel feststellen?
- Was tun Sie, wenn Sie Schädlingsbefall entdecken?

28

Schädlingsprophylaxe im Lebensmittellager

Checkliste Schädlingskontrolle

_____

_____

_____

_____

_____

_____

_____

_____

_____

_____

Kontrollieren und Bewerten

Wie gut war die Checkliste geeignet, Schädlingsbefall aufzudecken?

_____

_____

Welche Punkte sind Ihnen bei der Durchführung der Kontrolle eventuell aufgefallen, die Sie vorher nicht bedacht hatten?

_____

_____

Wie sicher und gründlich haben Sie die Kontrollen durchgeführt?

_____

_____

Leittext 29
Warenlagerung

Bild 1: Apfelsinen im Lager

Lernziele

- Die Auszubildende kann Waren fachgerecht einlagern.
- Sie hält Qualitätskriterien für die Lagerung der verschiedenen Waren ein und kann sie überwachen.
- Sie kennt die Regeln für das Einlagern und die Entnahme von Waren.

Einführung ins Thema

Im Leittext „Warenannahme" auf S. 49 haben Sie sich die betrieblichen Geschäftsvorgänge für eine Warenannahme erarbeitet. Hier geht es jetzt um das fachgerechte Lagern von Waren.

Das Einlagern von Waren bedeutet,
- dass das Kapital eines Unternehmens gebunden wird und
- dass das Unternehmen Lagerraum unterhalten muss.

Aus diesem Grund muss darauf geachtet werden, dass der Warenbestand nur so groß ist, dass die Arbeitsprozesse der Einrichtung jederzeit durchgeführt werden können.

Welche Anforderungen an die jeweiligen Lagerräume, Lagereinrichtungen und -bedingungen bestehen, richten sich nach der Art der Waren. Warengruppen sind z. B.
- Lebensmittel
- Reinigungsmittel
- Wäsche
- Bürobedarf
- Einrichtungsgegenstände
- Jahreszeitliche Dekorationsmaterialien

Warenlagerung

29

Informieren und Planen

Welche Lagerräume gibt es in Ihrem Betrieb? Wie weit sind die Lagerräume von den jeweiligen Einsatzorten entfernt? (Lebensmittellager brauchen Sie hier nicht aufführen: s. Leittext „Warenannahme")

Lagerraum für ...	Einsatzort	Entfernung vom Einsatzort

Erstellen Sie für diese Lagerräume eine Checkliste, aus der hervorgeht:
- Art der Waren
- Anlieferungsintervalle
- Ausgabeintervalle
- Turnus der Lagerkontrollen
- Kriterien für die Lagerkontrolle

Checkliste Lagerräume

Entscheiden und Durchführen

Entscheiden Sie in Absprache mit Ihrer Ausbilderin, für welchen Lagerraum Sie für einen festgelegten Zeitraum verantwortlich sind. In diesem Zeitraum

- nehmen Sie angelieferte Waren an
- geben Sie Waren aus
- kontrollieren Sie die Lagerbedingungen
- kontrollieren Sie den Bestand.

Verantwortung für das Lager _____

In der Zeit vom _____ bis _____

Kontrollieren und Bewerten

Wie haben Sie die fachlichen und methodischen Aufgaben bei der Lagerhaltung erfüllt? Welche Probleme sind eventuell aufgetreten? Wie haben Sie sie gelöst?

_____

_____

_____

_____

_____

_____

Wie wichtig war es für Sie, Verantwortung für einen Bereich zu tragen?

_____

_____

_____

Welche Konflikte mit Kollegen sind eventuell bei der Warenausgabe aufgetreten? Wie haben Sie sie gemeistert?

_____

_____

_____

_____

_____

_____

Leittext 30
Service von „Essen auf Rädern"

Bild 1: Seniorin genießt ihr Mittagessen, das als „Essen auf Rädern" geliefert wurde.

Lernziele

- Die Auszubildende kann „Essen auf Rädern" in Privathaushalte ausliefern und servieren.
- Sie kann Gespräche mit den Kunden führen.
- Sie beachtet hygienische Anforderungen.

Einführung ins Thema

Soziale Einrichtungen mit einer eigenen Produktionsküche, aber auch kommerzielle Unternehmen bieten „Essen auf Rädern" an. Die Preise für ein Menü schwanken je nach Hersteller und Region meist zwischen fünf und sechs Euro.

Die Möglichkeit, dass es „Essen auf Rädern" gibt, ist für viele kranke und alte Menschen eine Alternative zum Umzug in eine stationäre Einrichtung. Wenn eine eigene regelmäßige Speisenversorgung nicht oder nicht mehr sichergestellt werden kann, so kann diese Aufgabe an andere abgegeben werden.

Wenn Sie „Essen auf Rädern" ausliefern, begegnen Sie häufig Menschen, für die Sie an diesem Tag der einzige Gesprächspartner sind. Auch wenn Sie vielleicht unter Zeitdruck arbeiten, weil noch weitere Menüs im Auto auf ihre Verteilung warten, so müssen Sie wissen: Das Gespräch und die Zuwendung für den Betroffenen sind oft wichtiger als die Mahlzeit selbst.

Letztlich haben Sie aber auch die Verantwortung für die hygienische Sicherheit der Menüs.

Zeitdruck, Einhalten von Vorschriften und die Bedürfnisse des Menschen nach Zuwendung stehen hier im Konflikt.

Informieren und planen

Bevor Sie das erste Mal mit auf eine Tour gehen, um Essen auszuliefern, informieren Sie sich:

Wer sind die Kunden, denen Sie das Essen bringen? Was möchten Sie über sie wissen?

_____

_____

_____

_____

_____

● Wie viel Essen müssen Sie ausliefern und wie viel Zeit steht Ihnen zur Verfügung? Wer begleitet Sie?

Anzahl der Mahlzeiten: _____

Dauer der Tour: _____

Begleitperson: _____

Wie sieht Ihr Tourenplan aus?

●

_____

_____

_____

_____

_____

_____

_____

_____

_____

_____

Service von „Essen auf Rädern"

30

Entscheiden und durchführen

30

Vor der ersten Auslieferung schauen Sie sich noch einmal die Leittexte „Umgangsformen und persönliches Erscheinungsbild" (S. 36) und „Bedarf und Ansprüche von alten und pflegebedürftigen Menschen" (S. 40) an. Überlegen Sie, was Sie bei der Auslieferung der Speisen beachten müssen bzw. wie Sie sich verhalten sollten.

	Das muss ich beachten …/So muss ich mich verhalten …
Klingeln, Tür öffnen, begrüßen	
Aussehen des Essplatzes, Geschirr, Besteck, Reste vom Vortag	
Bedürfnis nach Zuwendung und Gespräch	
Sichtkontrolle des Menüs. Was müssen Sie kontrollieren?	
Sofort sichtbare Auffälligkeiten beim Kunden oder in der Wohnung. Wem müssen Sie Auffälligkeiten melden?	
Verabschieden, Tür schließen	

Fahren Sie Ihre erste Auslieferungstour.

Service von „Essen auf Rädern"

Kontrollieren und Bewerten

Gab es während der Auslieferungstour Abweichungen?

☐ nein   ☐ ja

Begründung für die Abweichung:

_____

_____

_____

_____

● Wie verlief der Kontakt mit den Kunden? Welche Probleme gab es eventuell und wie haben Sie sie gelöst?

_____

_____

_____

_____

_____

Wie zufrieden waren Sie mit Ihrer ersten Tour?

_____

● _____

_____

_____

_____

Trauen Sie sich zu, die nächste Tour alleine zu fahren? Falls nein, welche Unsicherheiten bestehen noch?

_____

_____

_____

_____

_____

31

Lebenslanges Lernen im Beruf

Leittext 31
Lebenslanges Lernen im Beruf

Bild 1: Ein Leben lang lernen

Lernziele

- Die Auszubildende weiß, dass das Lernen nach der Abschlussprüfung weiter geht.
- Die Auszubildende lernt Weiterbildungsberufe kennen.
- Sie weiß, dass Fachkräfte sich weiterbilden, damit sie erwerbsfähig bleiben, und dass Betriebe gute Fachkräfte brauchen, damit sie wettbewerbsfähig bleiben.

Einführung ins Thema

Die Handlungskompetenz, die Sie sich während Ihrer Ausbildung erworben haben, versetzt Sie in die Lage, Ihr ganzes Berufsleben lang weiterlernen zu können.

Fachwissen verändert sich ständig: Es gibt neue hauswirtschaftliche Geräte und Arbeitstechniken, neue Gesetze müssen umgesetzt werden, neue wissenschaftliche Erkenntnisse fließen in den praktischen Arbeitsalltag ein. Aber auch die Gesellschaft ändert sich. Für den hauswirtschaftlichen Dienstleistungsberuf bedeutet das, dass immer wieder neue Rahmenbedingungen entstehen.

Wenn Sie als Hauswirtschafterin arbeiten, werden Sie notwendige Lernprozesse durchlaufen:
- im Betrieb,
- beim „training-on-the-job",
- bei einer Inhouse-Schulung und
- bei Fortbildungen, die außerhalb Ihrer Einrichtung stattfinden.

Wenn Sie auf Ihren erlernten Beruf Hauswirtschafterin aufbauen möchten, stehen Ihnen eine Reihe von Weiterbildungsmöglichkeiten zur Verfügung, z. B.:
- Hauswirtschaftliche Betriebsleiterin
- Meisterin der Hauswirtschaft
- Fachlehrerin
- Fachhauswirtschafterin für ältere Menschen

Informieren und Planen

Mit dem Ende der Ausbildungszeit hört das Lernen für Sie nicht auf. Welche Gründe gibt es für das „lebenslange Lernen"?

_____

_____

_____

_____

Fragen Sie Ihre Ausbilderin nach ihrem beruflichen Lebenslauf.

_____

_____

_____

Während der Ausbildung wurden für die hauswirtschaftlichen Mitarbeiter im Betrieb immer wieder Schulungen durchgeführt. Erfragen Sie bei Ihrer Ausbilderin:
- Nach welchen Gesichtspunkten werden Schulungen geplant und durchgeführt?
- Wie können Lernerfolge überprüft werden?

Planung

_____

_____

_____

Durchführung

_____

_____

_____

Überprüfung

_____

_____

_____

31

Lebenslanges Lernen im Beruf

Entscheiden und Durchführen

Vielleicht möchten Sie nach der Prüfung zur Hauswirtschafterin gleich weiterlernen. Fragen Sie bei hauswirtschaftlichen Verbänden, zuständigen Stellen und Bildungsträgern, welche Weiterbildungsberufe in Frage kommen. Sammeln Sie das Informationsmaterial und tragen Sie es in die Tabelle ein.

Bezeichnung des Fort- oder Weiterbildungsberufs in der Hauswirtschaft	Kurzbeschreibung	Dauer der Fort- oder Weiterbildung	Anbieter (Ort und Träger)

Vielleicht möchten Sie sich zunächst nur in ausgewählten Fachthemen weiterbilden.

Welche Themen interessieren Sie besonders?

_____

_____

Fordern Sie Fortbildungsprogramme verschiedener Anbieter an. Wählen Sie ein Wunsch-Seminarthema aus und benennen Sie

Thema:

_____

Inhalt:

_____

Referent/in:

_____

Dauer, Ort und Kosten

_____

Besprechen Sie das Informationsmaterial mit Ihrer Ausbilderin. Welche Fragen haben Sie dazu?

_____

_____

_____

Überlegen Sie mit Ihrer Ausbilderin, wie Ihre beruflichen Schritte nach der Ausbildung aussehen könnten.

Weiterbeschäftigung im Betrieb möglich?　☐ ja　　☐ nein

Fort- oder Weiterbildung angestrebt?　☐ ja　　☐ noch nicht

Die nächsten Schritte:

_____

_____

_____

Leittext 32
Entsorgungsplan für eine Teeküche/Produktionsküche/Wohnbereichsküche

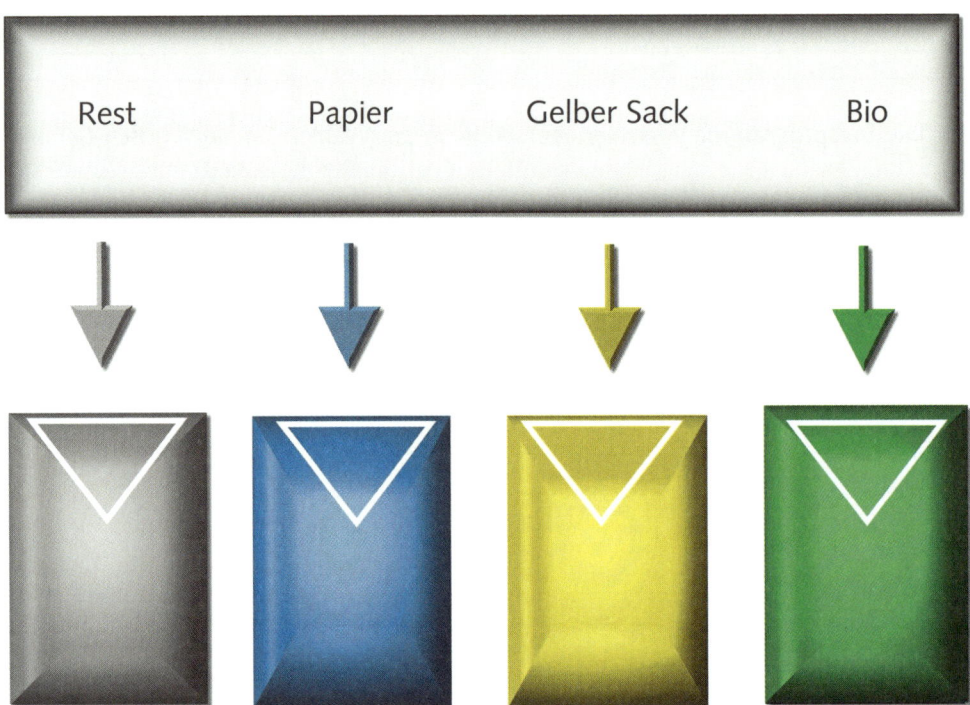

Bild 1: Recycling-System

Lernziele

- Die Auszubildende kennt die verschiedenen Abfallarten und entwickelt Ideen zur Abfallvermeidung.
- Sie kennt die relevanten gesetzlichen Regelungen.
- Sie kann selbstständig einen Abfallplan erstellen, einführen und überwachen.

Einführung ins Thema

In hauswirtschaftlichen Betrieben fallen unterschiedliche Abfallarten an. Ziel ist es, die Umwelt durch den Abfall sowenig als möglich zu belasten. An erster Stelle steht daher die Abfallvermeidung.

Ist es nicht möglich, Abfall zu vermeiden, muss der Abfall so gesammelt und sortiert werden, dass eine sinnvolle Verwertung möglich ist. (Recycling)

Das Kreislaufwirtschafts- und Abfallgesetz (KrW-/AbfG) schreibt vor:

§ 5 Abs. 2
Die Erzeuger oder Besitzer von Abfällen sind verpflichtet, diese nach Maßgabe des § 6 zu verwerten. Soweit sich aus diesem Gesetz nichts anderes ergibt, hat die Verwertung von Abfällen Vorrang vor deren Beseitigung. Eine der Art und Beschaffenheit des Abfalls entsprechende hochwertige Verwertung ist anzustreben. Soweit dies zur Erfüllung der Anforderungen nach den §§ 4 und 5 erforderlich ist, sind Abfälle zur Verwertung getrennt zu halten und zu behandeln.

§ 6 Abs. 1
Abfälle können
a) stofflich verwertet werden oder
b) zur Gewinnung von Energie genutzt werden.
Vorrang hat die bessere umweltverträgliche Verwertungsart.

Informieren und Planen

Welche Abfallarten fallen in Ihrer Küche an?
Überlegen Sie für jede Abfallart, ob und wie sie vermieden werden kann.

Abfallart	Vermeidung möglich?	Falls ja, wie?
	☐ nein ☐ ja	
	☐ nein ☐ ja	
	☐ nein ☐ ja	
	☐ nein ☐ ja	
	☐ nein ☐ ja	

In welchen Behältnissen und wo werden die Abfälle zwischengelagert?

Abfallart	Behältnis	Standort der Behältnisse

Entsorgungsplan für eine Teeküche/ Produktionsküche/Wohnbereichsküche

32

Wie häufig müssen Abfälle aus der Küche entfernt werden?

☐ 2 x täglich   ☐ 1 x täglich   ☐ jeden 2. Tag   ☐ 1 x wöchentlich

Stellen Sie fest, was bei/nach der Entsorgung aus der Küche mit den Abfällen passiert und tragen Sie das Ergebnis in die Tabelle ein.

Abfallart	Wann wird entsorgt?	Wer entsorgt?	Wohin wird entsorgt?

Wer holt in Ihrer Einrichtung die verschiedenen Abfallarten ab?

Abfallart	Kommunaler/privater Entsorger	Wann

Entscheiden und Durchführen

Erstellen Sie nun einen Abfallplan für die Produktionsküche/Teeküche/Wohnbereichsküche, in dem Sie die notwendigen Informationen verzeichnen. Entscheiden Sie, wie Sie den Abfallplan gestalten möchten:

☐ Tabellenform   ☐ Aufzählung

☐ Piktogramme   ☐ Symbole

Weitere eigene Ideen:

Entsorgungsplan Teeküche oder Produktionsküche oder Wohnbereichsküche

Kontrollieren und Bewerten

Diskutieren Sie den Plan mit der Ausbilderin und arbeiten Sie mögliche Verbesserungsvorschläge ein.

Stellen Sie den Plan den Mitarbeiterinnen vor, die danach arbeiten sollen. Sorgen Sie dafür, dass die notwendigen Behältnisse vorhanden sind.

Überprüfen Sie regelmäßig, ob der Entsorgungsplan eingehalten wird.

Leittext 33
Durchführung einer Gefährdungsanalyse nach dem Arbeitsschutzgesetz für die Küche

Bild 1: Gefahren bei der Arbeit in Küchen

Lernziele

- Die Auszubildende kennt Gefahren bei Arbeiten in der Küche.
- Sie kennt Vorbeugemaßnahmen und kann sie umsetzen.
- Sie kennt die gesetzlichen Rahmenbedingungen für den Arbeitsschutz.

Einführung ins Thema

Bei allen hauswirtschaftlichen Arbeiten müssen Sie Regeln für den Arbeits- und Gesundheitsschutz einhalten. Die gesetzliche Grundlage dafür bildet das Arbeitsschutzgesetz (ArbSchG). Allgemeine Grundsätze des Arbeitsschutzes finden Sie im § 4:

> Die Arbeit ist so zu gestalten, dass eine Gefährdung für Leben und Gesundheit möglichst vermieden und die verbliebene Gefährdung möglichst gering gehalten wird.

Im § 5 ArbSchG wird beschrieben, wodurch Gefährdungen entstehen können:

> Die Gefährdung kann sich insbesondere ergeben durch
> - die Gestaltung und die Einrichtung der Arbeitsstätte und des Arbeitsplatzes,
> - physikalische, chemische und biologische Einwirkungen,
> - die Gestaltung, die Auswahl und den Einsatz von Arbeitsmitteln, insbesondere von Arbeitsstoffen, Maschinen, Geräten und Anlagen sowie den Umgang damit,
> - die Gestaltung von Arbeits- und Fertigungsverfahren, Arbeitsabläufe und Arbeitszeit und deren Zusammenwirken,
> - unzureichende Qualifikation und Unterweisung der Beschäftigten.

Jede Einrichtung muss die Gefährdungen, die bei ihr auftreten können, ermitteln, beurteilen und Maßnahmen zur Vorbeugung durchführen.

Informieren und Planen

Bei welchen Tätigkeiten in der Küche könnten folgende typische Gefahren bestehen? Nennen Sie je zwei Beispiele.

Typische Gefahr	Arbeiten, bei den diese Gefahr bestehen könnte
Verbrühungen, Verbrennungen, Umgang mit heißen Medien	1. _____ 2. _____
Elektrische Gefahren	1. _____ 2. _____
Stich- und Schnittverletzungen	1. _____ 2. _____
Mikrobiologische Gefahr	1. _____ 2. _____
Chemische Gefahr	1. _____ 2. _____
Brand- und Explosionsgefahr	1. _____ 2. _____
Heben und Tragen von schweren Lasten	1. _____ 2. _____
Stress	1. _____ 2. _____

33

Durchführung einer Gefährdungsanalyse nach dem Arbeitsschutzgesetz für die Küche

Entscheiden und Durchführen

Wählen Sie sechs Ihrer Beispiele aus der vorherigen Tabelle aus und überlegen, welche Vorbeugemaßnahmen Sie treffen können.

Grundsätzlich gibt es drei Arten von Vorbeugemaßnahmen (siehe Beispiele in der folgenden Tabelle):
- Technische Maßnahmen
- Organisatorische Maßnahmen
- Personenbezogene Maßnahmen

Gefahr	Technische Maßnahme	Organisatorische Maßnahme	Personenbezogene Maßnahme
Benutzung einer defekten Leiter bei Lagerarbeiten	Leiter reparieren		
Verwechslung von Flaschen mit Spülmittel und Flaschen mit Waldmeistersirup		Reinigungsmittel und Lebensmittel separat lagern	
Beim Ausbraten von Frikadellen spritzt Fett			Mitarbeiter müssen langärmelige Schutzkleidung tragen

Die Gefährdungsanalyse ist Teil des Arbeitsschutzkonzeptes Ihrer Einrichtung.

Lassen Sie sich von der Fachkraft für Arbeitssicherheit oder von Ihrer Ausbilderin erläutern, was in einem Arbeitsschutzkonzept beschrieben wird, und notieren Sie hier das Inhaltsverzeichnis des Arbeitsschutzkonzepts.

Inhaltsverzeichnis des Arbeitsschutzkonzepts meiner Einrichtung

(nur Kapitelüberschriften, keine Unterpunkte)

_____

_____

_____

_____

_____

_____

_____

_____

_____

_____

_____

_____

_____

Kontrollieren und Bewerten

Beraten Sie mit Ihrer Ausbilderin und/oder Fachkraft für Arbeitssicherheit, ob Sie die Gefahren und Maßnahmen richtig beschrieben haben.

Wie können Sie sicherstellen, dass Sie im Arbeitsalltag die Gefahren bedenken und die entsprechenden Vorbeugemaßnahmen einhalten?

_____

_____

_____

Durchführung einer Gefährdungsanalyse nach dem Arbeitsschutzgesetz für die Küche

33

34

Mitarbeit in einem Qualitätszirkel

Leittext 34
Mitarbeit in einem Qualitätszirkel

Verwaltung

Hauswirtschaft

Mitarbeiter eines Qualitätszirkels

Küche

Pflege

Bild 1: Teilnehmer eines Qualitätszirkels

Lernziele

- Die Auszubildende kennt das Qualitätsverbesserungsinstrument „Qualitätszirkel".
- Die Auszubildende kann eigene Ideen zur Qualitätsverbesserung von hauswirtschaftlichen Produkten und Dienstleistungen entwickeln und sie im Team einbringen.

Einführung ins Thema

Der Qualitätszirkel ist ein Qualitätsverbesserungsinstrument. Jede Einrichtung arbeitet daran, die Qualität ihrer Dienstleistungen und Produkte zu verbessern. Dabei baut sie auf die Erfahrungen und die Motivation ihrer Mitarbeiter.

Wie das Wort „Qualitäts*zirkel*" sagt, handelt es sich um einen Kreis von Mitarbeitern, die sich mit der Qualität ihrer täglichen Arbeit auseinandersetzen. Der klassische Qualitätszirkel arbeitet bereichsübergreifend. In ihm sind Mitarbeiter, z. B. der Verwaltung, der Hauswirtschaft, der Pflege oder des Sozialdienstes vertreten. Gemeinsam arbeiten sie an einem qualitätsrelevanten Thema. Es gibt aber auch den bereichsinternen Qualitätszirkel, in dem Mitarbeiter der Hauswirtschaft über ein hauswirtschaftliches Problem beraten.

Qualitätszirkel haben folgende Ziele:
- Qualitätsentwicklung der Einrichtung
- Förderung der Teamarbeit
- Förderung der Mitarbeitermotivation
- Vertiefung des Qualitätsbewusstseins der Mitarbeiter
- Identifizierung der Mitarbeiter mit den Qualitätszielen der Einrichtung
- Qualitätsverbesserung zur Zufriedenheit der Kunden

Informieren und Planen

Sie haben sich freiwillig gemeldet, an einem Qualitätszirkel teilzunehmen. Thema des Qualitätszirkels:

_____

_____

Im Qualitätszirkel arbeiten Mitarbeiter aus verschiedenen Bereichen.
Nennen Sie die Mitarbeiter und ihre Funktionen und die Abteilungen, in denen sie arbeiten.

Beispiel:

Name	Funktion	Abteilung
Michaela Müller	stellvertretende Köchin	Küche

Mitglieder des Qualitätszirkels

Name	Funktion	Abteilung

Wann, wie lange, wie oft und wo trifft sich der Qualitätszirkel?

Wann?	
Wie lange?	
Wie oft?	
Wo?	

34

Mitarbeit in einem Qualitätszirkel

Entscheiden und Durchführen

Der Qualitätszirkel wird von einem Moderator geleitet. Die ersten drei Schritte der Qualitätszirkelarbeit sind:

- Ist-Analyse (Beschreibung des gegenwärtigen Ablaufes)
- Sammeln und Bewerten von verschiedenen Verbesserungsvorschlägen
- Festlegen und Beschreiben eines Verbesserungsvorschlages

Bereiten Sie sich auf die erste Sitzung des Qualitätszirkels vor, indem Sie sich den gegenwärtigen Ablauf ganz bewusst anschauen. Beschreiben Sie ihn und begründen Sie, warum er verbesserungswürdig ist.

_____

_____

_____

_____

_____

_____

_____

_____

_____

_____

_____

_____

_____

_____

_____

_____

_____

Arbeiten Sie auf der Sitzung aktiv mit, bringen Sie Ideen ein. Ihre Erfahrungen sind gefragt.

Kontrollieren und Bewerten

Welche Ideen haben Sie im Qualitätszirkel eingebracht?

_____

_____

_____

_____

Wie gut konnten Sie Ihren Standpunkt vertreten?

_____

_____

_____

Wie gut konnten Sie die Meinung anderer akzeptieren?

_____

_____

_____

Was hat Ihnen an der Qualitätszirkelarbeit besonders gefallen?

_____

_____

_____

Wie hat sich durch die Mitarbeit im Qualitätszirkel Ihre Motivation, am Qualitätsmanagement der Einrichtung mitzuarbeiten, geändert?

_____

_____

_____

Mitarbeit in einem Qualitätszirkel

34

35

Speiseplanerstellung

Leittext 35
Speiseplanerstellung

Bild 1: Speiseplan eines Alten- und Pflegeheims

Lernziele

- Die Auszubildende kann einen abwechslungsreichen Wochenspeiseplan erstellen.
- Sie berücksichtigt dabei Ihre Zielgruppe, wirtschaftliche Vorgaben, ökologische und ernährungsphysiologische Aspekte.

Einführung ins Thema

Sie haben im ersten und zweiten Ausbildungsjahr eine Vielzahl von Gerichten kennen gelernt. Gegen Ende der Ausbildung sollen Sie selbst Angebote für einen Wochenspeiseplan zusammenstellen.

Die Kunden, die Sie verpflegen, wünschen sich,
- dass das Speisenangebot abwechslungsreich, schmackhaft und ansprechend ist,
- dass das Essen ihren Lebens- und Essgewohnheiten entspricht.

Als verantwortliche Fachkraft müssen Sie darüber hinaus bedenken,
- dass die Kosten für das Speisenangebot zum vorgegebenen Budget passen,
- dass Sie ernährungsphysiologisch ausgewogene Angebote erstellen und versuchen, diese mit den Wünschen Ihrer Zielgruppe in Einklang zu bringen,
- dass Sie die Jahreszeit und die betrieblichen Einkaufsmöglichkeiten bedenken.

Informieren und Planen

Schauen Sie sich exemplarisch einen Speiseplan Ihres Ausbildungsbetriebes an und beurteilen Sie ihn nach folgenden Kriterien.

	Frühstück	Mittagessen	Abendbrot
Ausgewogener Einsatz von Fleisch, Fisch und vegetarischen Speisen			
Nährstoffzusammensetzung			
Jahreszeitliche Angebote			
Optische Zusammensetzung			
Sonstiges			

35

Speiseplanerstellung

Speiseplanerstellung

35

Entscheiden und Durchführen

Welche Besonderheiten und Wünsche müssen Sie bei der Personengruppe Ihres Ausbildungsbetriebes berücksichtigen?

_____

_____

_____

_____

_____

_____

Wie hoch ist das wöchentliche Lebensmittelbudget?_____ €

Erstellen Sie nun selbst einen Speiseplan für eine Woche.

Falls Ihr Ausbildungsbetrieb die entsprechende Software hat, erstellen Sie den Plan am PC.

Kontrollieren und Bewerten

Haben Sie die Aspekte aus der vorherigen Tabelle bedacht? Was könnten Sie eventuell noch verbessern?

_____

_____

_____

_____

_____

Halten Sie mit dem Speiseplan das vorgegebene Budget ein, oder müssen Sie eventuell noch einige Komponenten überdenken? Welche und warum?

_____

_____

_____

_____

35

Speiseplanerstellung

Ist der Speiseplan mit dem vorgesehenen Personaleinsatz (siehe Dienstplan) durchführbar oder müssen Sie noch einige Komponenten überdenken? Warum?

_____

_____

_____

_____

Befragen Sie Ihre Kunden, ob sie mit dem Speiseplan zufrieden sind. Welche Wünsche oder Verbesserungsvorschläge haben sie eventuell?

_____

_____

_____

_____

_____

Wie sind Sie mit dem Speiseplan zufrieden?

_____

_____

Wo haben Sie bei der Speiseplanerstellung noch fachliche Lücken entdeckt? Wie können Sie diese bis zur Abschlussprüfung schließen?

_____

_____

_____

_____

_____

36

Inventur

Leittext 36
Inventur

Bild 1: Zählen, zählen, zählen …

Lernziele

- Die Auszubildende kennt Ziel und Zweck einer Inventur.
- Sie kennt verschiedene Formen der Inventur.
- Sie kann in kleineren Bereichen Teilaufgaben einer Inventur durchführen.

Einführung ins Thema

Bei einer Inventur werden Vermögen und Schulden eines Unternehmens festgestellt.

Nach Handelsgesetzbuch (HGB) § 240 müssen alle Unternehmen einmal pro Geschäftsjahr eine Inventur durchführen. Dies geschieht in der Regel in der letzten Woche des alten oder in der ersten Woche des neuen Jahres.

Auch bei Gründung, Übernahme, Auflösung und Veräußerung eines Unternehmens ist eine Inventur gesetzlich vorgeschrieben.

Das Vermögen wird im Lager vor Ort durch Zählen, Wiegen und Messen aller Waren erfasst und anschließend in der Finanzbuchhaltung bewertet (Wert in € zum Stichtag).

Die Schulden werden ebenfalls in der Finanzbuchhaltung bewertet. Damit sind Sie in der Regel nicht betraut.

Eine monatliche oder vierteljährliche Inventur kann freiwillig (ohne gesetzliche Pflicht) durchgeführt werden. Der Betrieb hat somit einen zeitnahen Überblick über seine Vermögenswerte und Schulden.

Die Auswertung und Bewertung solcher Inventuren liegt in den Händen von Controllern.
Achtung: Controlling heißt nicht „kontrollieren", sondern „überwachen", „lenken" oder „im Blick haben und reagieren können".

Informieren und Planen

Besprechen Sie mit Ihrer Ausbilderin, in welchem Bereich Sie eine Inventur durchführen können.

Inventur im Bereich _____

Wann soll die Inventur durchgeführt werden?

_____

_____

_____

Welche Waren sollen erfasst werden?

_____

_____

_____

Wie viel Zeit steht Ihnen für die Inventur zur Verfügung?

_____

Nennen Sie je drei Beispiele, welche Waren Sie zählen, welche Sie wiegen und welche Sie messen müssen.

zählen	1. _____ 2. _____ 3. _____
wiegen	1. _____ 2. _____ 3. _____
messen	1. _____ 2. _____ 3. _____

36

Inventur

Welche Arbeitsmittel benötigen Sie für die Durchführung der Inventur?

_____

_____

Welche Arbeitsschutzmaßnahmen müssen Sie beachten?

_____

_____

Entscheiden und Durchführen

Machen Sie sich mit den Inventurlisten Ihres Betriebes vertraut und führen Sie dann die Inventur für Ihren ausgewählten Bereich durch. Falls Ihr Betrieb keine Inventurlisten hat, erstellen Sie selbst diese Listen am PC.

Möglicherweise kann es eine Differenz geben zwischen
- dem Ist-Warenbestand (von Ihnen tatsächlich erfasste Waren) und
- dem Soll-Warenbestand (errechnet aus: Anfangsbestand bei der letzten Inventur + Zugänge – Abgänge)

Was könnten die Ursachen dafür sein?

_____

_____

_____

Kontrollieren und Bewerten

Wie gut hatten Sie die Inventur für Ihren ausgewählten Bereich geplant?

_____

_____

_____

Welche Schwierigkeiten sind eventuell aufgetreten? Wie könnten Sie sie lösen?

_____

_____

_____

_____

Leittext 37
Angebot zur Freizeitgestaltung

Bild 1: „Hexenhaus verzieren" in einem Kinderheim

Lernziele

- Die Auszubildende kennt Freizeitangebote für verschiedene Zielgruppen.
- Sie kann Vorschläge erarbeiten und Personen bei Freizeitveranstaltungen betreuen.

Einführung ins Thema

Menschen, die die Dienstleistungen von Einrichtungen der Gemeinschaftsverpflegung in Anspruch nehmen, haben je nach Art der Einrichtung ganz unterschiedliche Bedürfnisse bezüglich ihrer Freizeitgestaltung.

- gesunde Kinder (Familienfreizeit)
- kranke Kinder (Kinderklinik)
- Jugendliche aus sozialen Brennpunkten
- Schüler in einem Internat
- Tagungsgäste
- Touristen
- junge, erwachsene oder alte Menschen mit Behinderungen
- Bewohner eines Alten- und Pflegeheimes

Auch ihr Wunsch, dabei von anderen betreut zu werden, ist ganz unterschiedlich.

In der Betreuung arbeiten Sie oft mit anderen Berufsgruppen zusammen, z.B.:

- Pflegemitarbeiter
- Ergotherapeuten
- Sozialarbeiter
- Pädagogen

Hier müssen gemeinsam Schnittstellen geregelt werden. Wenn die Zielsetzung einer Veranstaltung geklärt ist, wird festgelegt, welche Berufsgruppe welche Betreuungsleistung erbringt.

37

Angebot zur Freizeitgestaltung

Informieren und Planen

Überlegen Sie für vier verschiedene Zielgruppen unterschiedliche Freizeitangebote (ein Beispiel ist vorgegeben).

Zielgruppe	Freizeitangebot
Bewohner eines Alten- und Pflegeheims	Basteln von jahreszeitlichen Gestecken

Besprechen Sie mit Ihrer Ausbilderin, welches Freizeitangebot Sie in Ihrer Einrichtung betreuen möchten.

Freizeitangebot: _____

Welche Erwartungen hat Ihre Zielgruppe bezüglich Freizeitgestaltung und -betreuung?

_____

_____

_____

_____

_____

_____

_____

Mit welchen Berufsgruppen werden Sie bei diesem Freizeitangebot kooperieren?

_____

_____

Wann soll die Freizeitveranstaltung angeboten werden?

_____

Welches Budget steht zur Verfügung? _____ €

EUROPA LEHRMITTEL

Entscheiden und Durchführen

Welches sind Ihre Aufgaben bei diesem Freizeitangebot?

_____

_____

_____

_____

_____

_____

_____

●

Erstellen Sie einen Arbeitsplan.

_____

_____

_____

_____

_____

_____

●

_____

_____

_____

_____

Führen Sie das Freizeitangebot durch.

37

Angebot zur Freizeitgestaltung

Angebot zur Freizeitgestaltung

37

Kontrollieren und Bewerten

Wie wurde das Angebot von den Teilnehmern angenommen?

_____

_____

_____

_____

_____

Wie zufrieden waren Sie mit Ihrer Planung und Durchführung?

_____

_____

_____

_____

_____

Wie gut haben Sie mit den anderen Berufsgruppen kooperiert? Gab es eventuell Konflikte?
Wie haben Sie sie gelöst?

_____

_____

_____

_____

_____

_____

_____

_____

Leittext 38
Motivation zum Essen bei Menschen, die an Demenz erkrankt sind

Bild 1: Anregung der Sinne durch eine mobile Kochstation

Lernziele

- Die Auszubildende weiß, welche Auswirkungen eine Demenz auf das Essverhalten haben kann.
- Sie kann mit anderen Berufsgruppen zusammenarbeiten, um Menschen, die an Demenz erkrankt sind, zum Essen zu motivieren.

Einführung ins Thema

Durch moderne medizinische Möglichkeiten steigt die Lebenserwartung der Menschen ständig. Zzt. werden Frauen statistisch knapp 83 Jahre, Männer gut 77 Jahre alt. Die Lebenserwartung steigt jährlich etwa um 3,5 Monate an. Diese Entwicklung hat zur Folge, dass immer mehr Menschen an Demenz erkranken.

Die Ursachen von Altersdemenz sind noch nicht bis ins Letzte erforscht.

Was gerade passiert oder sich kürzlich ereignet hat, vergessen Demenzkranke; was sie früher erlebt haben, ist für sie heute Realität. Demenzkranke leben in einer Welt, die für Außenstehende schwer zu verstehen ist, und wir leben in einer Welt, die für Demenzkranke nicht zu verstehen ist.

Sie wissen z. B. als Auszubildende in der Hauswirtschaft,
- dass Menschen essen und trinken müssen, um zu leben,
- dass es eine Tischkultur gibt,
- dass beim Essen ein bestimmtes hygienisches Verhalten angezeigt ist.

Doch ein Mensch, der an Demenz erkrankt ist, kann vergessen,
- dass es im Laufe des Tages verschiedene Mahlzeiten gibt,
- dass er überhaupt essen und trinken muss,
- dass das, was auf dem Teller liegt, tatsächlich zum Essen ist,
- wie man isst.

Dies sind schwierige Situationen im hauswirtschaftlichen Alltag in Alten- und Pflegeheimen. Doch es gibt Methoden, mit denen Menschen, die an Demenz erkrankt sind, zum Essen motiviert werden können.

38

Motivation zum Essen bei Menschen, die an Demenz erkrankt sind

Informieren und Planen

Informieren Sie sich
- bei Ihrer Ausbilderin
- bei einer Pflegefachkraft
- und in der Fachliteratur

über Demenzerkrankungen.

Beschreiben Sie die wesentlichen Merkmale von Demenz.

_____

_____

_____

_____

_____

_____

_____

_____

_____

_____

_____

_____

_____

_____

_____

_____

_____

_____

_____

_____

_____

_____

Beobachten Sie, wie Bewohner, die an Demenz erkrankt sind, essen. Bedenken Sie bei dieser Beobachtung, dass Sie behutsam vorgehen und den alten Menschen nicht anstarren. Besprechen Sie Möglichkeiten der Beobachtung mit einer Pflegefachkraft.
Notieren Sie, was Ihnen auffällt.

_____

_____

_____

_____

_____

_____

_____

_____

_____

_____

Entscheiden und Durchführen

Überlegen Sie, womit Sie die Sinne der Bewohner, die an Demenz erkrankt sind, anregen können. Bestimmte Gerüche können sie zum Beispiel an ihre Kindheit erinnern und sie bekommen wieder Lust zum Essen.

_____

_____

_____

_____

_____

In welcher Form können Sie Essen anbieten, wenn der Gebrauch von Messer und Gabel nicht mehr möglich ist?

_____

_____

_____

38

Motivation zum Essen bei Menschen, die an Demenz erkrankt sind

Welche Möglichkeiten gibt es, Menschen zum Essen zu bewegen, die ständig unruhig hin und her laufen.

_____

_____

_____

_____

Besprechen Sie Ihre Überlegungen mit Ihrer Ausbilderin und einer Verantwortlichen aus der Pflege und machen Sie konkrete Vorschläge, welche Gerichte bzw. Komponenten sich für „Fingerfood" eignen könnten. Treffen Sie gemeinsam eine Auswahl. Stellen Sie die „Fingerfood" her und servieren Sie sie.

Kontrollieren und Bewerten

Wie nehmen die Bewohner Fingerfood an?

_____

_____

_____

_____

_____

_____

Sind Ihnen die Fingerfood so gelungen, dass sie tatsächlich ohne Schwierigkeiten mit den Fingern gegessen werden können? Was könnten Sie eventuell noch verbessern?

_____

_____

_____

_____

_____

_____

_____

Anmerkung:
Wenn im Ernährungskonzept eines Alten- und Pflegeheims etwas geändert bzw. verbessert wird, so geschieht das immer in Kooperation von Pflege und Hauswirtschaft. Handeln Sie also in diesem Bereich nie eigenmächtig.

Leittext 39
Ermittlung der wöchentlichen Wäschemenge

Bild 1: Zählen, aufschreiben, berechnen

Lernziele

- Die Auszubildende kennt den Zusammenhang zwischen der zu erbringenden Leistung (Waschen und Pflegen der Wäsche) und den Kosten für die Wäscheversorgung.
- Sie kann statistische Erhebungen in kleinerem Umfang selbstständig durchführen und die Ergebnisse grafisch darstellen.

Einführung ins Thema

Die Gesamtkosten für die Wäschepflege setzen sich zusammen aus:
- Einzelkosten (Personalkosten, Kosten für Wasch- und Arbeitsmittel)
- Gemeinkosten (z. B. Wasser, Strom, Abschreibungen)
- Verwaltungskosten

Die Höhe der Gesamtkosten hängt entscheidend von der Wäschemenge ab, die gepflegt wird:
Je mehr Wäsche
- desto mehr Personalkosten,
- desto höher die Einzelkosten,
- desto höher die Gesamtkosten.

Eine Schätzung der Wäschemenge ist zu ungenau. Will man exakte Zahlen erhalten, ist es notwendig, in festgelegten Abständen die Wäsche zu zählen.

Besonders wenn es darum geht, die Kosten für Wäsche in Eigenregie und Vergabe an eine Lohnwäscherei zu vergleichen, ist der erste Schritt die Feststellung der tatsächlich zu pflegenden Wäschemenge.

39

Ermittlung der wöchentlichen Wäschemenge

Informieren und Planen

Sie haben die Aufgabe, die wöchentliche Wäschemenge in Ihrer Einrichtung zu zählen.

Welche Woche ist dafür geeignet? Begründen Sie.

Zeitpunkt der Durchführung: _____ KW

Begründung:

_____

_____

Wann soll die Wäsche gezählt werden?

☐ vor dem Waschen

☐ nach dem Waschen

Begründung:

_____

_____

Das Zählen muss so reibungslos laufen, dass der normale Betrieb möglichst wenig gestört wird. Wie können Sie das organisieren?

_____

_____

_____

_____

_____

_____

_____

Das Ergebnis der Zählung sollen Sie Ihrer Ausbilderin grafisch präsentieren. Welche Möglichkeiten stehen Ihnen dafür zur Verfügung?

_____

_____

Entscheiden und Durchführen

Erstellen Sie eine Liste, auf der Sie die gezählten Wäscheteile notieren wollen.

Ermittlung der wöchentlichen Wäschemenge

Besprechen Sie die Liste mit Ihrer Ausbilderin und arbeiten Sie eventuell Verbesserungen ein.

Erläutern Sie anschließend Ihren Kolleginnen in der Wäscherei, wer, wann, wie zählt und wie das Ergebnis festgehalten wird.

Wer zählt?	
Wann wird gezählt?	
Wie wird gezählt?	
Wie wird das Ergebnis festgehalten?	

Führen Sie mit den Kolleginnen der Wäscherei die Wäschezählung in der dafür vorgesehenen Woche durch. Prüfen Sie jeden Tag die Zähllisten und errechnen Sie tägliche Zwischenergebnisse.

Kontrollieren und Bewerten

Erstellen Sie eine Auswertung der Wäschezählung und präsentieren Sie sie Ihrer Ausbilderin.

Wie zufrieden waren Sie mit Ihrer Planung?

_____

_____

_____

Wie verlief die Zählung? Gab es Komplikationen? Welche Gründe gab es eventuell dafür?

_____

_____

_____

_____

Was ist Ihnen besonders gut gelungen?

_____

_____

_____

Leittext 40
Kostenvergleich zwischen Eigen- und Fremdleistung bei der Reinigung

Bild 1: Kosten berechnen

Lernziele

- Die Auszubildende kennt die Kosten, die bei Dienstleistungen in Eigenleistung entstehen.
- Sie kann Angebote bei einem Dienstleister einholen und die Kosten vergleichen.

Einführung ins Thema

Betriebe stehen immer wieder vor der Frage, ob Dienstleistungen ganz oder teilweise als Fremdleistung eingekauft werden sollen. An erster Stelle stehen wirtschaftliche Gründe.

Wenn Dienstleistungen vergeben werden, müssen Wirtschaftlichkeit, Qualität und Kundenzufriedenheit gegeneinander sorgfältig abgewogen werden. In diesem Leittext geht es lediglich um die Kosten einer Dienstleistung.

Ein Kostenvergleich Eigenleistung/Fremdleistung erfolgt in drei Schritten:
- Die Kosten der Eigenleistung ermitteln
- Angebote von Dienstleistern einholen
- Kosten vergleichen

Die Kalkulation der Kosten für die Eigenregie errechnet sich nach folgendem Kalkulationsschema:

Reinigungsmittel und Arbeitsmittel
+ Personalkosten
= Einzelkosten der Reinigung
+ Gemeinkosten
= Herstellkosten (Reinigungskosten)
+ Verwaltungskosten
= Selbstkosten der Reinigung

Informieren und Planen

Ihre Aufgabe ist es, für einen Teilbereich der Reinigung einen Kostenvergleich zwischen Eigenleistung (Eigenregie) und Fremdleistung (Vergabe) zu erstellen. Legen Sie in Absprache mit Ihrer Ausbilderin fest, welchen Teilbereich Sie vergleichen möchten.

Teilbereich: _____

Um die Kosten in Eigenregie zu errechnen, müssen Sie vier Informationen haben:
- Wie hoch sind die Kosten für Reinigungs- und Arbeitsmittel?
- Wie hoch sind die Personalkosten?
- Wie hoch ist in Ihrer Einrichtung der Gemeinkostenzuschlag?
- Wie hoch ist in Ihrer Einrichtung der Verwaltungskostenzuschlag?

Kosten für Reinigungs- und Arbeitsmittel

Erstellen Sie eine Liste der benötigten Reinigungsmittel und Arbeitsmittel.

Reinigungsmittel	Arbeitsmittel

Erfragen Sie die Höhe der monatlichen Kosten für diese Reinigungs- und Arbeitsmittel bei Ihrer Ausbilderin.

Personalkosten

Erfragen Sie bei Ihrer Ausbilderin, wie viel Nettoarbeitszeit für die Reinigung dieses Bereiches in Eigenregie pro Monat notwendig ist. Je nach Größe des gewählten Teilbereichs können Sie die Arbeitszeit auch selbst ermitteln.

Nettoarbeitszeit/Monat: _____

Addieren Sie zu dieser Nettoarbeitszeit einen prozentualen Aufschlag von 23 % für die Ausfallzeiten (Feiertage, Urlaub, Krankheit u. a.) der Mitarbeiter. So erhalten Sie die Bruttoarbeitszeit.

Nettoarbeitszeit	
+ 23 % der Nettoarbeitszeit	
= Bruttoarbeitszeit	

Errechnen Sie aus der Bruttoarbeitszeit die benötigten Vollzeitkräfte (VZK).

Bruttoarbeitszeit	
: Anzahl der Wochenarbeitsstunden (z. B. 39 Std./Woche)	
: Anzahl der Wochen pro Monat (365 Tage/Jahr : 12 Monate : 7 Tage/Woche)	
= Anzahl der Vollzeitkräfte	

Anzahl der VZK = _____

Ermitteln Sie im Personalbüro oder bei Ihrer Ausbilderin die Höhe der Personalkosten für eine Reinigungskraft (1 VZK) pro Monat.

Personalkosten für 1 VZK/Monat: _____ €

Errechnen Sie nun die Personalkosten für die Reinigung des Teilbereiches in Eigenregie für einen Monat.

_____

Gemeinkostenzuschlag

Gemeinkosten sind Kosten, die nicht nur speziell für die Reinigung entstehen, sondern in allen Abteilungen einer Einrichtung anfallen, z. B. Stromkosten. Sie werden mit einem prozentualen Schlüssel auf die Abteilungen verteilt.

Nennen Sie vier weitere Gemeinkosten:

1. _____

2. _____

3. _____

4. _____

Erfragen Sie bei Ihrer Ausbilderin oder in der Abteilung Kostenrechnung, wie hoch der Gemeinkostenzuschlag für die Reinigung in Ihrer Einrichtung ist.

Verwaltungskostenzuschlag

Jedes Produkt und jede Dienstleistung verursacht auch Verwaltungskosten. Erfragen Sie auch hier in der Abteilung Kostenrechnung, sie hoch der Verwaltungskostenzuschlag ist. Nennen Sie zwei Beispiele für Verwaltungskosten.

1. _____

2. _____

40

Kostenvergleich zwischen Eigen- und Fremdleistung bei der Reinigung

Errechnen Sie nun die Selbstkosten für die Reinigung des gewählten Teilbereichs.

Reinigungsmittel und Arbeitsmittel	
+ Personalkosten	
= Einzelkosten der Reinigung	
+ Gemeinkosten	
= Herstellkosten (Reinigungskosten)	
+ Verwaltungskosten	
= Selbstkosten der Reinigung	

Entscheiden und Durchführen

Für den Kostenvergleich entscheiden Sie mit Ihrer Ausbilderin gemeinsam, von welchen zwei Reinigungs-dienstleistern Sie ein Angebot anfordern.

Reinigungsdienstleister 1: _____

Reinigungsdienstleister 2: _____

Fordern Sie die Angebote an und vergleichen Sie die monatlichen Kosten.

Monatliche Kosten im Vergleich

Dienstleister 1	Dienstleister 2	Eigenregie
€	€	€

Überlegen Sie, welche Reinigungsarbeiten die Einrichtung weiterhin selbst erbringen muss, auch wenn die Dienstleistung extern vergeben ist, z. B. Sichtreinigung in der Zeit der Abwesenheit der Mitarbeiter des Reinigungsdienstleisters.

_____

_____

_____

_____

Besprechen Sie mit Ihrer Ausbilderin, wie hoch die Kosten für diese selbst zu erbringenden Reinigungsleistungen sind.

Addieren Sie die Kosten zu den Angeboten der Dienstleister. Erst dann haben Sie einen realistischen Kostenvergleich.

	Dienstleister 1	Dienstleister 2	Eigenregie
Angebot	€	€	
+ verbleibende Kosten in Eigenregie	€	€	
Kosten für den Vergleich	€	€	€

40

Kostenvergleich zwischen Eigen- und Fremdleistung bei der Reinigung

Beschreiben Sie das Ergebnis des Kostenvergleichs.

_____

_____

_____

_____

Kontrollieren und Bewerten

Prüfen Sie, ob Sie alle Berechnungen korrekt durchgeführt haben.

Wie zufrieden waren Sie mit der Planung und Durchführung Ihres Kostenvergleichs?

_____

_____

_____

_____

Bei welchen Schritten hatten Sie eventuell Schwierigkeiten?

_____

_____

_____

Welche Unterstützung benötigen Sie eventuell noch?

_____

_____

_____

Archiv Verlag Europa-Lehrmittel, Haan-Gruiten 7, 9/2, 23

Archiv Fachbuchverlag Pfanneberg, Haan-Gruiten 56

Beuting-Lampe/Kardinal Wendel Haus München 71

Deutsche Gesetzliche Unfallversicherung e.V. (DGUV), Berlin-Mitte 142

Fachklinik Aukrug der Deutschen Rentenversicherung Nord, Aukrug-Tönsheide 107

Fotolia.com, Berlin 9/1, 11, 13/1, 14, 15, 19, 27, 32, 36, 40, 44, 48, 52, 64, 68, 75, 79, 83, 87, 91, 95, 99, 102, 111, 115, 119, 123, 127, 130, 134, 138, 146, 154, 157, 165, 169

Hako-Werke GmbH, Bad Oldesloe 60

Theresienheim, Viersen 150, 161